Die Bäckertaufe wegen zu kleinen Brodes

Jens Schiermann

Selbst Brotbacken
Über 50 erprobte Rezepte

Weitere Rezepte für Brot, Brötchen sowie leckere Gerichte mit Brot und Brotteig finden Sie in den Büchern »Brotspezialitäten backen und kochen« von Jack W. Hochscheid und Lutz Helger und »Mehr Freude und Erfolg beim Brotbacken« von Anneliese und Gerhard Eckert, erschienen im gleichen Verlag. Beachten Sie auch die Titel auf Seite 80 dieses Buches.

CIP-Kurztitelaufnahme der Deutschen Bibliothek

Schiermann, Jens:
Selbst Brotbacken: über 50 erprobte Rezepte/Jens Schiermann. – Niedernhausen/Ts.: Falken-Verlag, 1982.
  (Falken-Bücherei)
  ISBN 3-8068-0370-6

ISBN 3 8068 0370 6

© 1975/1984 Falken-Verlag GmbH, 6272 Niedernhausen/Ts.
Die Ratschläge in diesem Buch sind von Autor und Verlag sorgfältig erwogen und geprüft, dennoch kann eine Garantie nicht übernommen werden. Eine Haftung des Autors bzw. des Verlages und seiner Beauftragten für Personen-, Sach- und Vermögensschäden ist ausgeschlossen.
Graphik: Jens Schiermann
Fotos: Margot Kahlbrandt
Gesamtherstellung: Neuwieder Verlagsgesellschaft mbH, Neuwied

Inhalt

Das unvermeidliche Wort zu Anfang   7
Etwas über Mehle   8
Hefe, Sauerteig und böser Schimmel   10
Brotsorten — herzhaft oder süß?   12
Das Handwerkszeug und der Backvorgang   14

Rezepte:

Brote für jeden Geschmack   19
    Kastenbrot   20
    Pikantes Weißbrot   21
    Mischbrot   22
    Quarkbrot   23
    Gewürz-Mischbrot   24
    Mohnstangen (3 Stangenbrote)   25
    Grahambrot   26
    Orangenbrot   27
    Leinsamenbrot   28
    Rundes Weißbrot   29
    Buttermilchbrot   30
    Zwiebelbrot   31
    Malzbrot   32
    Safrankranz   33
    Bauernbrot   34
    Brot mit Sojamehl   35
    Speckbrot   36
    Würziges Dickmilchbrot   37
    Weißbrot mit frischen Kräutern   38
    Roggenmischbrot   39
    Schrotbrot mit Sauerteig   40
    Roggenbrot   41
    Schrotmischbrot   42

Süße Brote, Brötchen und allerlei „Wohlgeformtes"   43
    Milchstuten mit Rosinen   44
    Mohnbrot   45
    Frühstückshörnchen   46

Zwiebelbrötchen	47
Heißwecken	48
Riesenbrezel	49
Quarkbrötchen	50
Kümmelbrötchen	51
Christbrot	52
Hefezopf	53
Früchtebrot	54
Anisbrot	56
Semmel	57
Grahambrötchen	58
Kleine Zöpfe mit saurer Sahne	59
Hamburger Klöben	60
Roggenbrötchen	61
Brioche-Brot	62
Ausländische Brotspezialitäten	63
Französisches Rosenherz	64
Schwedisches Frühstücksbrot (2 Brote)	66
Maisbrot	67
Schottisches Haferbrot	68
Englische Korinthenbrötchen	69
Norwegische Kartoffelscheiben	70
Armenische Sesamfladen	71
Plattenbrot	72
Gefüllte Brote	73
Käsebrot	74
Kasseler im Brotteig	76
Gefüllter Brotkranz	78

Das unvermeidliche Wort zu Anfang

Brot ist alt. Schon lange vor unserer Zeitrechnung haben sich Menschen die Mühe gemacht, Getreidekörner zu rösten, Mehlbrei anzurühren und Brot zu backen. Mehl war immer etwas sehr Wertvolles: Im ägyptischen Pharaonenstaat gehörte das Mahlen der Getreidekörner zur Arbeit der Frauen und Sklaven, die Maulkörbe (oder muß man sagen: Mundkörbe?) tragen mußten, damit sie nicht von dem kostbaren Mehl naschen konnten.
Unser Verhältnis zum Brot ist einfacher. Wir kaufen und essen es. Es gibt im Handel so viele Brotsorten (ca. 250), daß jeder etwas für seinen Geschmack findet und das Selberbacken gar nicht notwendig ist. Es gibt eigentlich nur einen Grund dafür: Den Spaß am Selbermachen. Spätestens stellt sich diese Freude ein, wenn Sie Ihre mehlbestäubte Küche verlassen und Ihr erstes „Selbstgebackenes" servieren. Ihr Ansehen wird bei Freund und Feind gewaltig steigen! Haben Sie keine Angst vor scheinbar schwierigen Rezepten, auch wenn das erste Resultat Ihren Vorstellungen nicht so ganz entspricht. Wenn Sie ein Brotback-Anfänger sind, beginnen Sie am besten mit dem Rezept für Kastenbrot. Das wird Ihnen kaum mißlingen, wenn Sie alle Anweisungen genau beachten.
Ein kleiner Wecker mit Alarmton bewahrt Sie davor, über dem Krimi im Fernsehen den Teig zu vergessen. Ihr Brot backt nebenbei. Wenn es im Ofen ist, können Sie es — bis zum Schrillen des Weckers — vergessen.
Die Arbeitszeit, die Sie benötigen, ist gering. Je nach Schwierigkeit des Rezeptes zwischen fünfzehn und dreißig Minuten.
Der Rest ist Geduld.

Etwas über Mehle

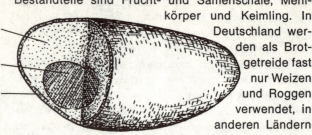

Mehlkörper (Stärke)

Keimling (Eiweiß; Fett)

Frucht- und Samenschale (Eiweiß, (Vitamine, Mineralstoffe)

Am Anfang steht das Korn, eine geballte Ladung an Stärke, Eiweiß, Mineralstoffen und Vitaminen. Seine Bestandteile sind Frucht- und Samenschale, Mehlkörper und Keimling. In Deutschland werden als Brotgetreide fast nur Weizen und Roggen verwendet, in anderen Ländern gibt es Brote oder Fladen aus Gersten-, Hafer-, Mais-, Hirse- und Reismehl. Es gibt für Getreide zwei Klassifizierungen, die man vereinfacht so beschreiben kann:

1. Der Grad der Feinheit wird bezeichnet mit Schrot (sehr grob gemahlen), Grieß und Mehl (sehr fein gemahlen).

2. Unabhängig davon wird Mehl mit einer Typenzahl gekennzeichnet. Diese gibt den Mineralstoffgehalt an, der durch den Ausmahlungsgrad bestimmt wird. Während bei Mehlen niedrigerer Typenzahl (z. B. 405) Frucht- und Samenschale und der Keimling vor dem Mahlprozeß vom Mehlkörper getrennt wurden, bedeutet eine hohe Typenzahl (z. B. 1800), daß Mehlkörper, Keimling und Schale im Mehl enthalten sind. Stark ausgemahlene Mehltypen enthalten also mehr Eiweiß-, Vitamin- und Mineralstoffanteile als die helleren Sorten niedriger Typenzahl. Das gebräuchlichste Mehl, das auch überall erhältlich ist, ist das Haushaltsmehl vom Typ 405.

Regel: Je größer die Typenzahl, desto mehr Vitamine und Mineralstoffe.

Hier eine Übersicht der wichtigsten Mehlsorten, die es auf jeden Fall in den Reformhäusern und gelegentlich auch schon in den Lebensmittelabteilungen der Kaufhäuser gibt:

Weizenmehl Typ 405	— Weißes, feines Mehl für den Haushaltsbedarf, schwach ausgemahlen und wenig Geschmackstoffe.
Weizenmehl Typ 550	— Etwas stärker ausgemahlen als Typ 405, sonst aber fast gleich.
Weizenmehl Typ 1050	— Dunkleres, mittelstark ausgemahlenes Mehl, der Geschmack ist kräftiger.
Weizenvollkornschrot Typ 1700	— Stark ausgemahlenes, dunkleres Mehl und kräftiger Geschmack.
Roggenmehl Typ 1370	— Feines, gut ausgemahlenes Roggenmehl, gut geeignet für Roggen- und Mischbrote.
Roggenvollkornschrot Typ 1800	— Ein stark ausgemahlener Typ, kräftig im Geschmack, sehr nährstoffreich.
Grahammehl	— 100% ausgemahlenes Weizenschrot.
Maismehl (-stärke)	— Wird nur in einer Sorte für den Haushalt verkauft.

Die verschiedenen Mehlsorten erhalten Sie in Reformhäusern und „Grünen Läden".

Verschiedene Getreidesorten werden in den Reformhäusern unzermahlen als Körner angeboten. Sie müssen mit einer speziellen Schrotmühle gemahlen werden. In „Grünen Läden" können Sie sich das gewünschte Getreide sofort mahlen lassen.

Hefe, Sauerteig und böser Schimmel

Drei Dinge braucht Ihr Brot: Mehl, Wasser und ein „Zaubelmittel", das im Verborgenen den Mehlkloß lockert. Je nach Mehlsorte und gewünschtem Brotcharakter nehmen wir dazu Hefe, Backpulver oder einen Sauerteig.

Frischhefe oder Trockenhefe — beides ist gleich gut geeignet.

Hefe: Die Hefe entwickelt durch Vergärung des Zukkers Alkohol und Kohlensäure und wird hauptsächlich für Weizen- und Mischbrote benutzt. Frischhefe kann man sich beim Bäcker abwiegen lassen oder als abgepackten Würfel kaufen (42 g). Trockenhefe gibt es in 7-g-Päckchen, sie ist bis zu einem Jahr haltbar.

Backpulver ist ein chemisches Treibmittel und „arbeitet" mit Kohlensäure.

Sauerteig: Bei schweren Mehlen (wie Roggenschrot) reicht die Kraft der Hefe nicht aus, den Teig zu lockern. Dafür wird Sauerteig benötigt. Hefen und Bakterien des Sauerteiges bewirken, daß das schwere Roggenbrot eine lockere, schmackhafte Krume bekommt. Der säuerliche Geschmack des Teiges macht das Brot besonders herzhaft.

Selbst Sauerteig herzustellen ist nicht einfach!

Es gibt viele Rezepte zum Ansetzen eines Sauerteiges, die Erfahrung zeigt aber, daß er selten gut gelingt. In Ihren Räumen herrscht nämlich kein ideales Sauerteig-Klima. Die Folge: Der Sauerteig beginnt zu schimmeln und ist damit unbrauchbar geworden.

Wenn Sie schon Erfahrung im Herstellen von Sauerteig haben, benutzen Sie Ihr bewährtes Rezept.

Für alle, die noch keinen Sauerteig angesetzt haben, sind diese zwei Möglichkeiten empfehlenswert:

1. Bitten Sie Ihren Bäcker um etwas Sauerteig — sofern er welchen hat! Einige Bäcker, vor allem in Großstädten, verwenden keinen frischen Sauerteig mehr (Trockensauer).
2. Verwenden Sie statt Sauerteig Zitronen-Würzmittel

aus konzentriertem Zitronensaft (Rezepte Roggenbrot).

In allen Reformhäusern wird „Natursauerteig" verkauft — hergestellt aus biologisch angebautem Getreide, vakuumverpackt und mit Verfalldatum versehen. Die Anleitung zur Verarbeitung steht auf der Packung. Das Produkt reicht für ein 1,5 kg Brot.

Zitronen-Würzmittel gibt es in kleinen Kunststoff-Zitronen oder Fläschchen, Inhalt ca. 100 ml.

Die Brotkruste ist für manchen ein Leckerbissen — besonders wenn das Brot frisch ist. Die Kruste entsteht, wenn das Wasser an der Oberfläche des Brotes beim Backen verdampft und dadurch der Teig geröstet wird.

Angeschnittene Brotlaibe stellen Sie am besten mit der Schnittfläche auf ein Holzbrett oder schlagen eine Folie über die Schnittfläche. So wird die Krume vor dem schnellen Austrocknen bewahrt.

Brot sollte man nicht im Kühlschrank aufbewahren, einfrieren läßt es sich dagegen gut. Teilen Sie das Brot in Portionen, die Sie später einzelnen wieder im Backofen auftauen können.

Portionsweise eingefroren haben Sie immer frisches Brot im Hause.

Allzu frisches Brot ist nicht sehr bekömmlich, das gilt besonders für Sauerteigbrote. Das lockere, gut ausgebackene Weizenbrot kann man direkt aus dem Ofen essen.

Brot sollte kühl, trocken und luftig gelagert werden. Wenn das Brot trocken wird, verliert es an Geschmack, die Kruste wird zäh, die Krume hart und trocken.

Trocken gewordenes Brot läßt sich im Haushalt noch gut verwenden, schlimmer wird es, wenn sich am Brot Schimmel zeigt. Dann gibt es nur noch eines: Werfen Sie sofort das ganze Brot weg! Das tut weh, aber, mit dem bloßen Auge nicht erkennbar, kann schon das gesamte Brot vom Schimmel befallen sein. Und mit Schimmel ist nicht zu spaßen, denn ähnlich wie bei verdorbenem Fleisch, können beim Verzehr gefährliche Vergiftungserscheinungen auftreten.

Brotsorten — herzhaft oder süß?

Die Wahl der Brotsorte ist natürlich eine Frage des persönlichen Geschmacks. Da sollte man sich nicht hineinreden lassen. Den Nährstoffgehalt verschiedener Mehlsorten kennen wir, der Ernährungsbewußte wird deswegen Brote aus stark ausgemahlenen Mehlen vorziehen.

Wer aber nicht nur von Quark und Brot allein leben will, wird auch weiterhin mit Genuß Brote mit schwächerem Vitamingehalt verzehren.

Es gibt überdies viele Möglichkeiten, Brote zu backen mit Früchten, Kräutern und Gewürzen — dem Erfindungsgeist sind keine Grenzen gesetzt.

Der Geschmack des Brotes kann gut und abwechslungsreich mit den übrigen Speisen abgestimmt werden: Wie wäre es mit einem Anisbrot am Morgen oder Heißwecken zur sonntäglichen Kaffeetafel? Als Imbiß am Abend reichen wir zu Bier und Steaklets vielleicht ein würziges Dickmilchbrot, im Ofen frisch geröstet. Statt Kümmelbrot versuchen wir einmal ein Brot mit frischen Kräutern. Hier die wichtigsten Brotsorten, geordnet nach ihren Mehlanteilen:

Auch der Brot-Speiseplan kann abwechslungsreich gestaltet werden.

Weißbrot	— besteht nur aus Weizenmehl.
Weizenmischbrot	— hat mindestens 60 % Weizenmehlanteil.
Roggenmischbrot	— hat mindestens 60 % Roggenmehlanteile.
Roggenbrot	— besteht nur aus Roggenmehl.
Vollkornbrot	— das Brot wird gebacken mit einem Zusatz von ungeschälten Getreidekörnern einschließlich Keimling.
Landbrote	— Mischbrote, die nach speziellen, meist alten Rezepten gebacken werden.
Schrotbrote	— Brote, mit Roggen- oder Weizenschrot gebacken.

Schwarzbrot, Knäckebrot und Pumpernickel werden nach besonderen Verfahren aus Roggenschrot hergestellt (gerade bei Knäckebrot gibt es jetzt allerdings schon viele verschiedene Sorten).
Außerdem werden etliche Sorten angeboten, die sich durch Zutaten, die Verarbeitung des Kornes und die Steuerung des Backprozesses unterscheiden.

Das Handwerkszeug und der Backvorgang

Eine gute Küchenwaage mißt auch kleine Gewichte exakt.

Ihr Handwerkszeug zum Backen steht schon im Küchenschrank. Zum Abwiegen der Zutaten benötigen Sie eine Küchenwaage oder einen Meßbecher mit Skalen für Flüssigkeit, Mehl, Zucker, usw. Die Schüssel zum Anrühren des Teiges sollte nicht zu klein sein und am Boden einen Gummiring haben, damit sie beim Arbeiten nicht rutscht.

Ein elektrisches Handrührgerät oder eine Küchenmaschine mit Knethaken ersetzen Muskelkraft und kneten den Teig vorzüglich durch. Natürlich geht es auch mit der Hand, es ist nur eben mühsamer und dauert wesentlich länger.

Das brauchen Sie zum Backen: Backofen, Küchenwaage, Meßbecher, Schüssel, Handrührgerät oder Küchenmaschine, Rührlöffel, Teigschaber, Backbrett, Pinsel, Zeituhr, evtl. eine Backform.

Zum Verrühren der Zutaten nehmen Sie einen Rührlöffel mit Loch, zum Abkratzen der Teigreste wird ein Teigschaber benutzt.

Das Backbrett zum Kneten mit den Händen soll groß, glatt und splitterfrei sein.

Ein flacher Pinsel zum Einstreichen des Brotes und eine kleine, transportable Zeituhr vervollständigen die Ausrüstung.

Bleibt nur noch der Backofen zu erwähnen. Geeignet ist jeder Ofen, bei dem die Hitze exakt eingestellt werden kann.
Bevor Sie mit der Arbeit beginnen, messen und wiegen Sie alle Zutaten ab und stellen sie bereit. Beachten Sie dabei, daß Sie nichts direkt aus dem Kühlschrank verwenden. Alle Zutaten sollten mindestens Zimmertemperatur haben, die Flüssigkeiten am besten ca. 35 Grad, also handwarm. Die Hefe braucht die Wärme, um sich zu entwickeln.

Bei guter Vorbereitung geht die Arbeit besser von der Hand.

Außer frischer Hefe bietet sich Trockenhefe an, die bis zu 12 Monaten haltbar ist, und so auch im Vorrat gehalten werden kann. Die entsprechende Menge, soweit sie nicht angegeben ist, und die Zubereitung der Trockenhefe entnehmen Sie der Rückseite des Päckchens.
Geben Sie als erstes das Mehl in die Schüssel. In die Mitte wird dann in eine kleine Vertiefung die Hefe gebröckelt. Von der angegebenen Flüssigkeitsmenge nehmen Sie etwas ab und gießen es vorsichtig darüber. Dann fügen Sie den Zucker dazu. (Bei Verwendung von Trockenhefe wird in den Zutaten der Zucker nicht extra angegeben).
Lassen Sie der angesetzten Hefe die Zeit zum „Arbei-

ten". Ein guter Ort zum Gehen ist die warme Abdeckplatte der Küchenheizung oder der geöffnete, auf 50 Grad erwärmte Backofen. Die Schüssel wird während des Gehens mit einem Tuch abgedeckt.
Wenn die Hefe gegangen ist, werden die restlichen Zutaten zugefügt. Mit dem Knethaken des Handrührgerätes wird alles erst auf niedriger (damit die Zutaten nicht durch die Küche stauben), und dann auf höchster Schaltstufe solange durchgeknetet, bis sich der Teig vom Schüsselrand löst.

In den Rezepten ist immer das Arbeiten mit dem Handrührgerät beschrieben. Mit der Küchenmaschine wird genauso verfahren.
Vielleicht muß man in einigen Fällen — wenn der Teig noch zu feucht erscheint — etwas Mehl zufügen. Der Teig soll nicht mehr kleben, aber schön geschmeidig sein.
Wenn Sie den Teigkloß anschließend leicht mit Mehl bestäuben, entsteht beim Gehen keine Kruste an der Oberfläche.

Weißbrot mit frischen Kräutern — Rezept Seite 38
Schrotmischbrot — Rezept Seite 42

Die Gehzeiten in den Rezepten sind nicht genau und können es auch nicht sein, da die Zeit von Lufttemperatur und Luftfeuchtigkeit abhängig ist. *Wichtig ist, daß das Volumen des Teiges sich ungefähr verdoppelt.* Dies kann eventuell etwas länger dauern, als angegeben wurde.

Nachdem der Teig um das Doppelte aufgegangen ist, ihn erneut durchkneten, diesmal aber unbedingt mit den Händen (mit dem Handrührgerät würde man den Gärpilz zerstören!).

Bestäuben Sie Hände und Backbrett mit Mehl, damit der Teig nicht klebt. Walken Sie die Teigkugel auf dem Backbrett gut durch, bis der Teig geschmeidig, aber nicht mehr klebrig ist.

Die angegebenen Gehzeiten können variieren.

Schlecht durchgekneteter Teig macht das Brot großporig.

Wenn Sie dieses Kneten etwa 5 Minuten durchführen, ist der Teig gut.

Jetzt formen Sie aus der Teigkugel die angegebene Brotform und legen sie auf das Backblech. Es empfiehlt sich, das Backblech immer vorher einzufetten, damit das Brot beim Backen nicht festklebt. Das Fett dafür ist in den Rezepten nicht extra angegeben. Margarine ist gut geeignet.

Der Backofen muß immer vorgeheizt sein.

Die Temperatur im Herd muß stimmen!

Der Teig muß nun wiederum an einem warmen Ort die angegebene Zeit gehen.
Mit einem Messer wird dann das Brot angeritzt und, wenn angegeben, eingepinselt. Anschließend wird das Backblech in den vorgeheizten Ofen geschoben. Ein Elektroherd benötigt zum Vorheizen 10 bis 15 Minuten, ein Gasherd nur ca. 5 Minuten. Wenn Ihr Herd eine Kontrolleuchte hat, können Sie sich danach richten. Bei Gasherden sind statt Temperaturen Stufen angegeben. Überzeugen Sie sich anhand der Betriebsanleitung, daß die Stufen den Temperaturen entsprechen. Im Zweifelsfall sind die Temperaturen maßgebend.
Das Backblech sollte etwa in der Mitte des Ofens eingeschoben werden, so daß über dem Brot genügend Luft bleibt. Wenn Sie eine Kastenform benutzen, nehmen Sie die nächsttiefere Schiene. Eine Kastenform stellen Sie auf den Drahtrost.
Nach der Garzeit wird der Gartest gemacht: Klopfen Sie mit dem Knöchel leicht auf das Brot. Wenn es sich hohl anhört, ist es gar. Andernfalls noch 5 bis 10 Minuten backen.
Frohes Backen und guten Appetit!

Brote für jeden Geschmack

Das sprichwörtliche Salz in der Suppe darf natürlich auch im Brot nicht fehlen. Aber Salz allein ist auf die Dauer auch langweilig – genau wie in der Suppe. In diesem Rezeptteil werden neben einigen einfachen Rezepten verschiedene Möglichkeiten beschrieben, wie Brot durch abwechslungsreiche Zutaten zu einem immer neuen Leckerbissen wird. Über diese Rezepte hinaus sind Ihrer Fantasie keine Grenzen gesetzt.

Kastenbrot

Zutaten: 500 g Mehl Typ 405,
25 g frische Hefe (ca. $^1/_2$ Würfel)
oder 1 Päckchen Trockenhefe,
250 ccm Milch ($^1/_4$ l),
1 Teel. Zucker,
1 Teel. Salz.

Zubereitung:
Mehl in eine große Schüssel geben und in die Mitte eine Vertiefung drücken. Die Hefe hineinbröckeln, 1 Tasse lauwarme Milch und den Zucker darübergeben. 15 Minuten gehenlassen (oder die Trockenhefe nach Anweisung auf dem Päckchen anrühren und gehenlassen).
Die restlichen Zutaten zufügen und mit dem Handrührgerät (Knethaken) zuerst auf niedriger, dann auf höchster Schaltstufe verkneten, bis sich der Teig vom Schüsselrand löst. Den Teig mit Mehl bestäuben, ein Tuch über die Schüssel decken und bis zur doppelten Größe gehenlassen (ca. 30 Minuten).
Mit bemehlten Händen den Teigkloß auf dem Backbrett durchkneten und in eine gefettete Kastenform legen. Abdecken und nochmals gehenlassen (ca. 30 Minuten).
Den Teig drei bis viermal quer einschneiden, mit Wasser einpinseln und auf dem Rost auf unterer Schiene in den vorgeheizten Backofen schieben.

An diesem Rezept können Sie nichts falsch machen.

Backzeiten:
Elektroherd: ca. 50 Minuten bei 200 Grad.
Gasherd: ca. 50 Minuten auf Stufe 3.

Pikantes Weißbrot

Zutaten: 1 Päckchen Trockenhefe,
100 ccm Wasser,
200 ccm Magermilch,
1 Teel. Salz,
2 Eßl. Sirup,
3 Eßl. Sojamehl,
150 g Weizenvollkornschrot Typ 1700,
350 g Weizenmehl Typ 405,
etwas Milch zum Einpinseln,
Sesam zum Bestreuen.

Zubereitung:
Die Trockenhefe nach Anweisung auf dem Päckchen anrühren, gehenlassen und in eine Rührschüssel geben.
Die Zutaten der Reihenfolge nach zufügen. Alles mit dem Handrührgerät (Knethaken) erst auf niedriger und dann auf höchster Schaltstufe so lange verkneten, bis der Teig sich vom Schüsselrand löst. Den Teig bemehlen und gehenlassen, bis er sich verdoppelt hat (ca. 30 Minuten).
Mit bemehlten Händen den Teig erneut durchkneten, ein ovales Brot formen und auf das gefettete Backblech setzen. Nochmal ca. 25 Minuten gehenlassen. Den Brotlaib mit Milch einpinseln und mit Sesam bestreuen. In den vorgeheizten Backofen schieben und auf mittlerer Schiene backen.

Sirup macht das Brot runder im Geschmack.

Backzeiten:
Elektroherd: ca. 30–45 Minuten bei 225 Grad.
Gasherd: ca. 30–45 Minuten auf Stufe 4.

Mischbrot

Zutaten: 250 g Roggenmehl Typ 1370,
300 g Weizenmehl Typ 550,
42 g Hefe (1 Würfel),
1 Teel. Zucker,
170 ccm lauwarmes Wasser,
100 ccm lauwarme Milch,
1 Eßl. Öl,
1½ Teel. Salz.

Tip:
Sonnenblumenkerne
zum Teig geben.

Zubereitung:
Die Mehle in eine Rührschüssel geben. In die Mitte eine Vertiefung drücken, die Hefe hineinbröckeln und den Zucker darübergeben. Etwa ½ Tasse Wasser, abgenommen von der angegebenen Menge, über die Hefe gießen. 15 Minuten gehenlassen.
Die restlichen Zutaten zufügen und mit dem Handrührgerät (Knethaken) zuerst auf niedriger und dann auf höchster Schaltstufe durchkneten, bis sich der Teig vom Schüsselrand löst. Den Teigkloß mit Mehl bestäuben, mit einem Tuch abdecken und gehenlassen, bis er sich etwa verdoppelt hat (ca. 40 Minuten).
Den Teig mit bemehlten Händen auf dem Backbrett erneut durchkneten, zu einem runden Laib formen und auf das gefettete Backblech setzen. Mit einem Tuch abdecken und ca. 30 Minuten gehenlassen.
Den Laib ein paarmal kreuzweise einschneiden, mit Wasser bepinseln und auf mittlerer Schiene in den vorgeheizten Backofen schieben.

Backzeiten:
Elektroherd: 30—40 Minuten bei 225 Grad.
Gasherd: 30—40 Minuten auf Stufe 4.

Quarkbrot

Zutaten: 1 Päckchen Trockenhefe,
200 ccm Milch,
25 g Margarine,
125 g Speisequark,
500 g Weizenmehl Typ 405,
1½ Teel. Salz,
etwas kalten Kaffee zum Einpinseln.

Zubereitung:
Die Trockenhefe nach Anweisung auf dem Päckchen in einer großen Schüssel ansetzen und gehenlassen. Margarine in der warmen Milch schmelzen lassen. Alle Zutaten in die Schüssel geben und mit dem Handrührgerät (Knethaken) durchkneten, bis sich der Teig vom Schüsselrand löst. Eventuell noch etwas Milch oder Mehl zufügen. Den Teig zugedeckt gehenlassen, bis er sich etwa verdoppelt hat (ca. 50 Minuten).
Mit bemehlten Händen den Teig auf dem Backbrett durchkneten und ein ovales Brot formen. Auf das gefettete Backblech setzen und ca. 30 Minuten gehenlassen.
Den Teig mehrmals quer einschneiden und mit dem Kaffee einpinseln. In den vorgeheizten Ofen schieben.

Backzeiten:
Elektroherd: ca. 30–45 Minuten bei 200 Grad.
Gasherd: ca. 30–45 Minuten auf Stufe 3.

Gewürz-Mischbrot

Zutaten: 200 g Roggenmehl Typ 1370,
300 g Weizenmehl Typ 550,
42 g Hefe (1 Würfel),
1 Teel. Zucker,
200 ccm warmes Wasser,
1 Bund Schnittlauch,
1 kleine gehackte Zwiebel,
2 Teel. Salz,
je 1 Teel. Kümmel, Fenchelsamen
und Oregano,
4 Eßl. Öl,
zum Bestreichen: 1 Ei, 2 Eßl. Milch,
etwas Salz.

Zubereitung:
Mehl in eine Schüssel geben, die Hefe in eine Vertiefung bröckeln, den Zucker und 1 Tasse warme Milch zugeben und 15 Minuten gehenlassen.
Alle Zutaten zufügen und mit dem Handrührgerät (Knethaken) erst auf niedriger, dann auf höchster Schaltstufe verkneten, bis sich der Teig vom Schüsselrand löst. Etwa 50 Minuten gehenlassen.
Mit bemehlten Händen auf dem Backbrett den Teig durchkneten, ein ovales Brot formen und auf das gefettete Backblech legen. 20 Minuten gehenlassen. Den Teig einmal längs einschneiden. 1 Ei, Milch und Salz verrühren und damit einpinseln. Auf mittlerer Schiene in den vorgeheizten Backofen schieben.

Backzeiten:
Elektroherd: 30—40 Minuten bei 225 Grad.
Gasherd: 30—40 Minuten auf Stufe 4.

Mohnstangen (3 Stangenbrote)

Zutaten: 1 Päckchen Trockenhefe,
250 ccm (¹/₄ l) warmes Wasser,
500 g Weizenmehl Typ 550,
1¹/₂ Teel. Salz,
zum Einpinseln: 1 Eigelb, 4 Eßl. Wasser,
zum Bestreuen: 50 g Mohn.

Zubereitung:
Die Hefe nach Anweisung auf dem Päckchen anrühren, gehenlassen, und in eine Rührschüssel geben.
Wasser, Mehl und Salz zufügen. Alles mit dem Handrührgerät (Knethaken) erst auf niedriger und dann auf höchster Schaltstufe verkneten, bis sich der Teig vom Schüsselrand löst. Den Teig zugedeckt gehenlassen, bis er sich etwa verdoppelt hat (ca. 35 Minuten).
Auf dem Backbrett den Teig mit bemehlten Händen durchkneten und in 3 gleich große Stücke teilen. Drei Stangen formen (ca. 30 bis 40 cm lang), auf ein gefettetes Backblech legen und nochmals ca. 20 Minuten gehenlassen.
Die Stangen ein paarmal quer einschneiden. Das Eigelb mit dem Wasser verrühren und die Brote gleichmäßig einpinseln. In den vorgeheizten Backofen schieben.
Kurz vor dem Herausnehmen nochmals mit der Eimasse bestreichen und mit Mohn bestreuen.

Backzeiten:
Elektroherd: ca. 30 Minuten bei 225 Grad.
Gasherd: ca. 30 Minuten auf Stufe 4.

Grahambrot

Brot mit Grahammehl ist besonders leicht verdaulich.

Zutaten: 250 g Grahammehl (Weizenschrot mit feingemahlener Kleie),
250 g Weizenmehl Typ 550,
42 g Hefe (1 Würfel),
200 ccm Milch,
50 ccm Wasser,
1 Teel. Salz,
1 Eßl. Puderzucker,
etwas kalten Kaffee zum Einpinseln.

Zubereitung:
Das Mehl in eine Schüssel geben und in die Mitte eine Vertiefung drücken. Die Hefe hineinbröckeln und 1 Tasse warme Milch und 1 Teel. Puderzucker darübergeben (von der angegebenen Menge abnehmen). 15 Minuten gehenlassen.
Die Zutaten der Reihenfolge nach zufügen. Mit dem Handrührgerät (Knethaken) erst auf niedriger und dann auf höchster Schaltstufe verkneten, bis sich der Teig vom Schüsselrand löst. Mit Mehl bestäuben, abdecken und gehenlassen, bis sich der Teig verdoppelt hat (ca. 40 Minuten).
Mit bemehlten Händen den Teig auf dem Backbrett durchkneten und in eine gebutterte Kastenform geben. Zugedeckt nochmals ca. 15 bis 20 Minuten gehenlassen.
Den Teig mit Kaffee einpinseln und die Kastenform auf dem Rost (untere Schiene) in den vorgeheizten Backofen schieben.

Backzeiten:
Elektroherd: 30—40 Minuten bei 200 Grad.
Gasherd: 30—40 Minuten auf Stufe 3.

Orangenbrot

Zutaten: 800 g Weizenmehl Typ 405,
150 g Grahammehl,
50 g Hefe,
1 Teel. Zucker,
150 ccm Buttermilch,
150 ccm Orangensaft,
ca. 100 ccm Wasser,
30 g weiche Margarine,
2 Teel. Salz,
zum Bestreichen:
1 verquirltes Ei.

Zubereitung:
Mehl in eine große Schüssel geben, in die Mitte eine Vertiefung drücken und die Hefe hineinbröckeln. Zucker darübergeben und 1 Tasse von der warmen Buttermilch darübergießen. 15 Minuten gehenlassen.
Die restlichen Zutaten zufügen und mit dem Handrührgerät (Knethaken) verkneten, bis sich der Teig vom Schüsselrand löst. Zugedeckt gehenlassen, bis sich der Teig verdoppelt hat (ca. 50 Minuten).
Mit bemehlten Händen den Teig auf dem Backbrett durchkneten. 2 runde Brote formen und mit genügend Abstand auf das gefettete Backblech setzen. Erneut ca. 20 Minuten gehenlassen.
Den Teig kreuzförmig einritzen, mit Ei bestreichen und in den vorgeheizten Ofen schieben.

Buttermilch und Orangensaft ergeben eine außergewöhnliche, interessante Geschmacksrichtung!

Backzeiten:
Elektroherd: ca. 30–40 Minuten bei 200 Grad.
Gasherd: ca. 30–40 Minuten auf Stufe 3.

Leinsamenbrot

Zutaten: 100 g Leinsamen (Reformhaus),
300 g Weizenmehl Typ 550,
200 g Weizenmehl Typ 405,
25 g Hefe (ca. $1/2$ Würfel),
1 Teel. Zucker,
250 ccm Buttermilch,
$1 1/2$ Teel. Salz,
2 Eßl. Öl.

Zubereitung:
Leinsamen in $1/2$ Tasse heißem Wasser mindestens 30 Minuten quellen lassen.
Die Mehle in eine große Schüssel geben, in die Mitte eine Vertiefung drücken und dahinein die Hefe, Zukker und eine halbe Tasse warme Buttermilch geben. Ca. 10 Minuten gehenlassen.
Danach die Leinsamenkerne und die restlichen Zutaten zufügen und alles mit dem Handrührgerät (Knethaken) zuerst auf niedriger und dann auf höchster Stufe verkneten, bis sich der Teig im Kloß vom Schüsselrand löst. Ca. 30 Minuten gehenlassen.
Mit bemehlten Händen den Teig auf dem Backbrett kurz durchkneten, einen ovalen Laib formen und auf das gefettete Backblech setzen. Nochmals ca. 20 Minuten gehenlassen.
Den Laib mit kaltem Wasser einpinseln und mehrere Male mit der Gabel einstechen.
Auf mittlerer Schiene in den vorgeheizten Backofen schieben.

Backzeiten:
Elektroherd: ca. 40 Minuten bei 200 Grad.
Gasherd: ca. 40 Minuten auf Stufe 3.

Rundes Weißbrot

Zutaten: 1 Päckchen Trockenhefe,
 250 ccm warmes Wasser,
 500 g Weizenmehl Typ 550,
 2 Teel. Salz,
 etwas geschmolzene Butter zum Bestreichen.

Zubereitung:
Die Trockenhefe nach Anweisung auf dem Päckchen ansetzen und gehenlassen.
Die Hefe und die restlichen Zutaten in eine große Schüssel geben und mit dem Handrührgerät (Knethaken) durchkneten, bis sich der Teig vom Schüsselrand löst. Den Teig abgedeckt gehenlassen, bis er sich verdoppelt hat (ca. 40 Minuten).
Mit bemehlten Händen den Teig auf dem Backbrett gut kneten und zu einem runden Laib formen. Nochmals ca. 20 Minuten gehenlassen.
Das Brot kreuzweise einschneiden und auf dem Backblech in den vorgeheizten Ofen schieben.
Wenn das Brot heiß aus dem Ofen kommt, sofort mit der geschmolzenen Butter einpinseln.

Backzeiten:
Elektroherd: ca. 25 Minuten bei 225 Grad.
Gasherd: ca. 25 Minuten auf Stufe 4.

Buttermilchbrot

Zutaten: 400 g Weizenmehl Typ 405,
50 g Weizenvollkornschrot Typ 1700,
50 g Roggenmehl Typ 1370,
42 g Hefe (1 Würfel),
250 ccm Buttermilch,
1 Eßl. Zucker,
1 Teel. Salz,
Milch zum Einpinseln,
Haferflocken zum Bestreuen.

Zubereitung:
Das Mehl in eine große Schüssel geben und in die Mitte eine Vertiefung drücken. Die Hefe hineinbröckeln und den Zucker und eine Tasse warme Buttermilch darübergeben. 15 Minuten gehenlassen.
Die restliche Buttermilch und das Salz zufügen und alles mit dem Handrührgerät (Knethaken) zuerst auf niedriger und dann auf höchster Schaltstufe verkneten, bis der Teig sich vom Schüsselrand löst. Den Teig mit Mehl bestäuben und abgedeckt ca. 40 Minuten gehenlassen.
Mit bemehlten Händen den Teig auf dem Backbrett gut durchkneten und einen runden Laib formen. Auf ein gefettetes Backblech setzen und zugedeckt ca. 25 Minuten gehenlassen.
Ein großes Kreuz in das Brot schneiden (etwa 10 mm tief), mit Milch einpinseln und mit Haferflocken bestreuen. Auf mittlerer Leiste in den vorgeheizten Ofen schieben.

Backzeiten:
Elektroherd: 30–40 Minuten bei 225 Grad.
Gasherd: 30–40 Minuten auf Stufe 4.

Zwiebelbrot

Zutaten: 3 mittelgroße Zwiebeln,
3 Eßl. Öl,
2 Päckchen Trockenhefe,
350 g Weizenmehl Typ 405,
200 g Roggenvollkornschrot,
100 g Weizenkeime,
350 ccm Wasser,
1 Teel. Zwiebelsalz,
1 Teel. Salz,
Milch zum Einpinseln.

Zubereitung:
Die Zwiebeln schälen und zerhacken. In der Pfanne mit Öl glasig dünsten und erkalten lassen.
Die Trockenhefe nach Anweisung auf den Päckchen anrühren und gehenlassen.
Alle Zutaten in eine große Schüssel geben und mit dem Handrührgerät (Knethaken) verkneten, bis sich der Teig vom Schüsselrand löst. Den Teig abdecken und zu doppelter Größe gehenlassen (ca. 50 Minuten). Auf dem Backbrett den Teig mit bemehlten Händen durchkneten, ein ovales Brot formen und auf das gefettete Backblech setzen. Abgedeckt ca. 20 Minuten gehenlassen.
Mit dem Rührlöffel-Stiel einige Löcher (ca. 5 cm tief) in den Teig drücken, mit Milch einpinseln und in den vorgeheizten Ofen schieben.

Zwiebelbrote erfreuen sich besonders großer Beliebtheit.

Backzeiten:
Elektroherd: 30—40 Minuten bei 200 Grad.
Gasherd: 30—40 Minuten auf Stufe 3.

Malzbrot

Zutaten: 2 Päckchen Trockenhefe,
200 ccm Malzbier,
300 g Roggenmehl Typ 1370,
150 g Weizenmehl Typ 405,
50 g Kartoffelmehl,
3 Teel. Salz,
etwas Wasser zum Einpinseln.

Zubereitung:
Die Trockenhefe wie auf dem Päckchen beschrieben ansetzen und gehenlassen.
Alle Zutaten mit der gegangenen Hefe in einer großen Schüssel mit dem Handrührgerät (Knethaken) durchkneten, bis sich der Teig vom Schüsselrand löst. Den Teig zudecken und bis zur doppelten Größe gehenlassen (ca. 40 Minuten). Den Teig mit bemehlten Händen auf dem Backbrett gut durchkneten, einen ovalen Brotlaib formen, auf das gefettete Backblech setzen und abgedeckt nochmals ca. 50 Minuten gehenlassen.
Mit Wasser einpinseln und in den vorgeheizten Backofen schieben.

Wie dieses Rezept zeigt, kann man Malzbier nicht nur trinken.

Backzeiten:
Elektroherd: 30—40 Minuten bei 225 Grad.
Gasherd: 30—40 Minuten auf Stufe 4.

Riesenbrezel — Rezept Seite 49

Safrankranz

Zutaten: 500 g Weizenmehl Typ 405,
42 g Hefe (1 Würfel),
50 g Zucker,
200 ccm Magermilch,
1 Ei,
100 g Margarine in Flöckchen,
100 g Rosinen ohne Kerne,
½ Teel. Salz,
1 Päckchen gemahlener Safran,
1 Ein zum Bestreichen.

Zubereitung:
Das Mehl in eine große Schüssel geben und in die Mitte eine Vertiefung drücken. Die Hefe hineinbröckkeln, 1 Teel. Zucker dazugeben und 1 Tasse warme Magermilch zufügen. 15 Minuten gehenlassen.
1 Ei verquirlen und mit den restlichen Zutaten in die Schüssel geben. Mit dem Handrührgerät (Knethaken) zuerst auf niedriger, dann auf höchster Schaltstufe verkneten, bis sich der Teig vom Schüsselrand löst. Den Teig mit Mehl bestäuben, abdecken und gehenlassen, bis er die doppelte Größe erreicht hat (ca. 35 Minuten).
Auf dem Backbrett den Teig mit bemehlten Händen durchkneten und anschließend zu einem Kranz (Ring) ausformen. Auf ein gefettetes Backblech legen und erneut ca. 25 Minuten gehenlassen.
1 Ei verquirlen und damit den Kranz bestreichen. In den vorgeheizten Backofen schieben.

Backzeiten:
Elektroherd: 30—40 Minuten bei 225 Grad.
Gasherd: 30—40 Minuten auf Stufe 4.

Bauernbrot

Zutaten: 50 g Hefe,
1 Teel. Zucker,
150 ccm Wasser,
300 g Weizenmehl Typ 1050,
30 g Roggenmehl Typ 1370,
50 g Roggenvollkornschrot Typ 1800,
2 Teel. Salz,
etwas flüssige Butter zum Einpinseln.

Ein rustikales Weizenmischbrot mit kernigem Geschmack.

Zubereitung:
Die Hefe in eine große Schüssel bröckeln. Zucker darüberstreuen und mit einer Tasse warmem Wasser, abgenommen von der angegebenen Wassermenge, 15 Minuten gehenlassen.
Die restlichen Zutaten in die Schüssel geben. Mit dem Handrührgerät (Knethaken) erst auf niedriger und dann auf höchster Stufe durchkneten, bis der Teig sich vom Schüsselrand löst. Den Teig mit etwas Mehl bestäuben, abdecken und gehenlassen, bis er sich etwa verdoppelt hat (ca. 45 Minuten).
Mit bemehlten Händen den Teig auf dem Backbrett gut durchkneten, einen ovalen Brotlaib formen und auf das gefettete Backblech legen. Nochmals zugedeckt ca. 15 Minuten gehenlassen.
Den Laib mehrere Male diagonal leicht einschneiden (ca. 10 mm tief), mit der flüssigen Butter einpinseln und auf mittlerer Schiene in den vorgeheizten Backofen schieben.

Backzeiten:
Elektroherd: 30—40 Minuten bei 200 Grad.
Gasherd: 30—40 Minuten auf Stufe 3.

Brot mit Sojamehl

Zutaten: 900 g Weizenmehl Typ 405,
80 g Sojamehl,
140 g grob gemahlene Weizenkörner,
50 g Hefe,
300 ccm Wasser,
150 ccm Dickmilch,
2 Teel. Zucker,
1 Eßl. Öl,
1 Eßl. Salz.

Zubereitung:
Das Mehl in eine große Schüssel geben und in die Mitte eine Vertiefung drücken. Die Hefe hineinbröckeln, den Zucker und eine Tasse Wasser, abgenommen von der angegebenen Menge, darübergeben. Ca. 15 Minuten gehenlassen.
Restliche Zutaten in die Schüssel geben und mit dem Handrührgerät (Knethaken) durchkneten, bis sich der Teig vom Schüsselrand löst. Zugedeckt den Teig gehenlassen, bis er doppelte Größe erreicht hat (ca. 40 Minuten).
Mit bemehlten Händen den Teig auf dem Backbrett gut durchkneten, ein ovales Brot formen und auf das gefettete Backblech setzen. Abgedeckt nochmals ca. 20 Minuten gehenlassen.
Den Laib einmal in Längsrichtung einschneiden und auf dem Backblech in den vorgeheizten Ofen schieben.

Dieses Brot ist für eine große Familie berechnet.

Backzeiten:
Elektroherd: 50–60 Minuten bei 220 Grad.
Gasherd: 50–60 Minuten auf Stufe 4.

Speckbrot

Zutaten: 100 g Roggenmehl Typ 1370,
250 g Weizenmehl Typ 405,
30 g frische Hefe,
1 Teel. Zucker,
170 ccm Milch,
3 Eßl. Öl,
1 Prise Salz und Pfeffer,
100 g Schinkenspeck, in feine Würfel geschnitten.

Selbstverständlich können Sie bei diesem Rezept auch mageren Schinken verwenden.

Zubereitung:
Das Mehl in eine hohe Schüssel geben, in die Mitte eine Vertiefung drücken und die Hefe hineinbröckeln. Den Zucker und 1 Tasse warme Milch (von der angegebenen Menge abnehmen) dazugeben. 15 Minuten gehenlassen.
Die restlichen Zutaten in die Schüssel geben und mit dem Handrührgerät (Knethaken) zuerst auf niedriger und dann auf höchster Schaltstufe verkneten, bis sich der Teig vom Schüsselrand löst. Den Teig mit Mehl bestäuben, ein Tuch überdecken und gehenlassen, bis der Teig sich etwa verdoppelt hat (ca. 40 Minuten).
Den Teig auf dem Backbrett mit bemehlten Händen gut durchkneten und einen runden Brotlaib formen. Den Laib auf ein gefettetes Blech setzen und nochmals ca. 30 Minuten gehenlassen.
Mit Wasser einpinseln und in den vorgeheizten Backofen schieben.

Backzeiten:
Elektroherd: 20–30 Minuten bei 200 Grad.
Gasherd: 20–30 Minuten auf Stufe 3.

Würziges Dickmilchbrot

Zutaten: 1 Päckchen Trockenhefe,
250 g Weizenmehl Typ 405,
150 g Weizenvollkornschrot Typ 1700,
25 g Kartoffelmehl,
50 ccm Wasser,
150 ccm Dickmilch,
1 Teel. Salz,
1 Teel. feinzerhackter Salbei,
1 Teel. feinzerhackter Thymian.

Zubereitung:
Die Trockenhefe nach Anweisung auf dem Päckchen ansetzen, gehenlassen und in eine Rührschüssel geben.
Die restlichen Zutaten zufügen und mit dem Handrührgerät (Knethaken) zuerst auf niedriger und dann auf höchster Schaltstufe verkneten, bis sich der Teig vom Schüsselrand löst. Den Teig mit Mehl bestäuben, mit einem Tuch abdecken und gehenlassen, bis er etwa doppelte Größe erreicht hat (ca. 35 Minuten).
Mit bemehlten Händen den Teig auf dem Backbrett gut durchkneten, ein ovales Brot formen und auf das gefettete Backblech legen. Zudecken und erneut ca. 20 Minuten gehenlassen.
Auf unterer Schiene in den vorgeheizten Backofen schieben.

Durch Kartoffelmehl hält der Teig besonders gut zusammen.

Backzeiten:
Elektroherd: 30–40 Minuten bei 225 Grad.
Gasherd: 30–40 Minuten auf Stufe 4.

Weißbrot mit frischen Kräutern

Zutaten: 1 Päckchen Trockenhefe,
je 1 Bund Petersilie, Dill, Schnittlauch,
2 Eier,
ca. 30 g Margarine,
500 g Weizenmehl Typ 405,
150 ccm Milch,
1 gehäufter Teel. Salz,
1 Prise frischer, grob geriebener Pfeffer,
etwas Milch zum Einpinseln.

Das Aroma der frischen Kräuter durchdringt beim Backen den Teig.

Zubereitung:
Die Trockenhefe nach Anweisung auf dem Päckchen in einer großen Schüssel anrühren und gehenlassen. Währenddessen die Kräuter fein zerhacken, die Eier verquirlen und die Margarine schmelzen.
Alle Zutaten in die Schüssel geben und mit dem Handrührgerät (Knethaken) zuerst auf niedriger, dann auf höchster Schaltstufe verkneten, bis sich der Teig vom Schüsselrand löst. Den Teig mit Mehl bestäuben und zugedeckt gehenlassen, bis er sich etwa verdoppelt hat (ca. 50 Minuten).
Den Teig auf dem Backbrett mit bemehlten Händen durchkneten. Einen ovalen Laib formen, auf das gefettete Backblech setzen und ca. 20 Minuten gehenlassen.
Den Laib rhombenförmig einschneiden, mit Milch einpinseln und in den vorgeheizten Ofen schieben. Während des Backvorgangs nochmals mit Milch einpinseln.

Backzeiten:
Elektroherd: 30—40 Minuten bei 200 Grad.
Gasherd: 30—40 Minuten auf Stufe 3.

Roggenmischbrot

Zutaten: 250 g Roggenmehl Typ 1370,
200 g Weizenmehl Typ 405,
42 g Hefe (1 Würfel),
1 Teel. Zucker,
200 ccm Wasser,
2 Teel. Salz,
1 Eßl. Honig,
etwas geschmolzene Butter zum Einpinseln.

Zubereitung:
Das Mehl in eine große Schüssel geben und in die Mitte eine Vertiefung drücken. Die Hefe hineinbröckeln, Zucker darübergeben und $1/2$ Tasse warmes Wasser (abgenommen von der angegebenen Menge) zufügen. Ca. 15 Minuten gehenlassen.
Die restlichen Zutaten zufügen und mit dem Handrührgerät (Knethaken) gut durchkneten, bis der Teig sich vom Schüsselrand löst. Die Schüssel mit dem Teig mit einem Tuch abdecken, den Teig gehenlassen, bis der Teigkloß etwa die doppelte Größe erreicht hat (ca. 40 Minuten).
Mit bemehlten Händen den Teig auf dem Backbrett verkneten, bis er nicht mehr klebt, aber schön geschmeidig ist. Einen ovalen Brotlaib formen und auf das gefettete Backblech setzen. Erneut ca. 30 Minuten gehenlassen.
Den Teig mit der geschmolzenen Butter einpinseln, ein paarmal quer einschneiden und das Backblech auf mittlerer Schiene in den vorgeheizten Backofen schieben.

Backzeiten:
Elektroherd: ca. 40 Minuten bei 200 Grad.
Gasherd: ca. 40 Minuten auf Stufe 3.

Schrotbrot mit Sauerteig

Zutaten: 25 g Sauerteig vom Bäcker oder aus dem Reformhaus,
250 g Roggenvollkornschrot Typ 1800,
200 ccm (knapp ¼ Liter) warmes Wasser,
750 g Roggenvollkornschrot Typ 1800,
15 g Hefe,
1 Teel. Zucker,
250 ccm (¼ Liter) warmes Wasser,
1 Eßl. Honig,
3 Teel. Salz.

Zubereitung:
Den Sauerteig in eine Schüssel geben und mit 250 g Schrot und 200 ccm Wasser (ca. 40 Grad) vermengen. Über Nacht (mindestens 12 Stunden) an einem warmen Ort ruhenlassen.
750 g Schrot in eine große Schüssel geben, in die Mitte eine Vertiefung drücken und die Hefe hineinbröckeln. Zucker und 1 Tasse warmes Wasser darübergeben. 15 Minuten gehenlassen.
Die restlichen Zutaten zur Hefe geben, mit dem Handrührgerät (Knethaken) verkneten und mit bemehlten Händen mit dem angesetzten Sauerteig auf dem Backbrett verkneten. Den Teig mit Mehl bestäuben und abgedeckt ca. 3 Stunden gehenlassen (der Teig muß sich fast verdoppeln).
Dann den Teig mit bemehlten Händen auf dem Backbrett kneten und zu einem ovalen Brotlaib formen. Den Laib mit Mehl bestäuben und auf das bemehlte Backblech setzen. Abgedeckt nochmals ca. 30 Minuten gehenlassen.
Auf mittlerer Schiene in den vorgeheizten Backofen schieben. Zwischendurch mit Wasser einpinseln.

Backzeiten:
Elektroherd: 60–80 Minuten bei 200 Grad.
Gasherd: 60–80 Minuten auf Stufe 3.

Schrotbrote sind eine besondere Delikatesse, müssen aber ca. 2 Tage vor dem Verzehr gebacken werden.

Roggenbrot

Zutaten: 750 g Roggenmehl Typ 1370,
15 g Hefe,
1 Teel. Zucker,
375 ccm warmes Wasser,
100 ccm (100 ml) Zitronen-Würzmittel aus konzentriertem Zitronensaft oder Flüssigsauer,
3 Teel. Salz,
etwas Zwiebelsalz, Kümmel und Kardamom.

Neuerdings kann man in „Grünen Läden" und Reformhäusern Sauerteigprodukte kaufen. Mengen und Verarbeitungshinweise stehen auf der Packung.

Zubereitung:
Mehl in eine große Schüssel geben, in die Mitte eine Vertiefung drücken und die Hefe hineinbröckeln. Zucker und 1 Tasse Wasser darübergeben. 15 Minuten gehenlassen.
Die restlichen Zutaten zufügen und mit dem Handrührgerät (Knethaken) verkneten, bis der Teig sich vom Schüsselrand löst. Den Teig mit Mehl bestäuben, mit einem Tuch abdecken und gehenlassen, bis der Teig sich verdoppelt hat (ca. 60 Minuten).
Mit bemehlten Händen den Teig auf dem Backbrett gut durchkneten, ein ovales Brot formen und auf das bemehlte Backblech setzen. Etwa 50 Minuten gehenlassen.
Das Backblech auf mittlerer Schiene in den vorgeheizten Ofen schieben.
Wenn das Brot an der Oberfläche nicht reißen soll, kurz mit 280 Grad anbacken, dann auf die angegebene Temperatur zurückschalten. Zwischendurch mit Wasser bepinseln.

Backzeiten:
Elektroherd: ca. 40 Minuten bei 200 Grad.
Gasherd: ca. 40 Minuten auf Stufe 3.

Schrotmischbrot

Zutaten: 500 g Roggenvollkornschrot Typ 1800,
300 ccm warmes Wasser,
250 g Roggenmehl Typ 1370,
250 g Weizenmehl Typ 405,
25 g Hefe,
1 Teel. Zucker,
200 ccm warmes Wasser (40 Grad),
100 ml (100 ccm) Zitronen-Würzmittel aus konzentriertem Zitronensaft oder entsprechend viel Flüssigsauer,
3 Teel. Salz,
2 Eßl. Sirup.

Zubereitung:
500 g Schrot und 300 ccm warmes Wasser in einer Schüssel vermengen und ca. 12 Stunden (über Nacht) zugedeckt quellen lassen.

Roggen- und Weizenmehl in eine Schüssel geben, in die Mitte eine Vertiefung drücken und die Hefe hineinbröckeln. Zucker und 1 Tasse Wasser (abgenommen von der angegebenen Menge) darübergeben. Ca. 15 Minuten gehenlassen.

Statt Sauerteig wird Zitronen-Würzmittel oder Flüssigsauer verwendet.

Das gequollene Schrot und die restlichen Zutaten auf die Hefe geben und alles mit nassen Händen verkneten. Mit Mehl bestäuben, mit einem Tuch abdekken und ca. 40 Minuten gehenlassen.

Mit den Händen auf dem Backbrett den Teig gut durchkneten und einen ovalen Brotlaib formen. Den Laib auf das bemehlte Backblech setzen, mit Schrot bestreuen und zugedeckt ca. 50 Minuten gehenlassen. Auf mittlerer Schiene in den vorgeheizten Ofen schieben. Zwischendurch mit Wasser bepinseln.

Wegen des Roggenmehles muß der Teig unbedingt gut gehen, das heißt, eventuell länger als die angegebene Zeit!

Backzeiten:
Elektroherd: ca. 60 Minuten bei 200 Grad.
Gasherd: ca. 60 Minuten auf Stufe 3.

Süße Brote, Brötchen und allerlei „Wohlgeformtes"

Omas Stuten lebt! Zum gemütlichen Frühstück am Sonntagmorgen gibt es wieder Rosinenbrötchen, Heißwecken und Stuten. Während der eine den Stuten nur mit Butter bestreicht, liebt der andere eine süße Scheibe Rosinenbrot, belegt mit würzigem Käse. Brötchen, Brezeln und Hörnchen versprechen ein abwechslungsreiches Frühstück.

Milchstuten mit Rosinen

Zutaten: 1 Päckchen Trockenhefe,
500 g Mehl Typ 405,
150 ccm Milch,
100 g Zucker,
75 g Margarine,
2 Eier,
1 Teel. Salz,
100 g mit Mehl bestäubte Rosinen
ohne Kerne (gibt's im Reformhaus).

Zubereitung:
Die Trockenhefe nach Anweisung auf dem Päckchen anrühren und gehenlassen.
Die restlichen Zutaten außer den Rosinen zufügen und mit dem Handrührgerät (Knethaken) verkneten, bis der Teig sich vom Schüsselrand löst. Abgedeckt ca. 45 Minuten gehenlassen.
Mit bemehlten Händen die Rosinen gut in den Teig einkneten und den Teig in eine gefettete Form füllen. Erneut 30 bis 40 Minuten gehenlassen.
Das Brot mit Wasser einpinseln, in Längsrichtung einkerben und die Backform auf dem Rost in den vorgeheizten Ofen schieben.

Backzeiten:
Elektroherd: ca. 40 Minuten bei 200 Grad.
Gasherd: ca. 40 Minuten auf Stufe 3.

Mohnbrot

Zutaten: 1 Päckchen Trockenhefe,
50 g Butter,
250 ccm Wasser ($1/4$ Liter),
1 Teel. Salz,
2 Teel. Zucker,
500 g Weizenmehl Typ 405,
etwas warme Milch zum Einpinseln,
Mohn zum Bestreuen.

Zubereitung:
Die Trockenhefe nach Anweisung auf dem Päckchen ansetzen und gehenlassen.
Die Butter schmelzen und mit dem Wasser verrühren.
Alle Zutaten mit der gegangenen Hefe in eine große Schüssel geben und mit dem Handrührgerät (Knethaken) verkneten, bis der Teig sich vom Schüsselrand löst. Zugedeckt den Teig gehenlassen, bis er sich verdoppelt hat (ca. 30 Minuten). Auf dem Backbrett den Teig mit bemehlten Händen durchkneten, ein ovales Brot formen und auf ein gefettetes Backblech setzen. Ca. 20 Minuten gehenlassen.
Das Brot mehrmals einritzen, mit Milch einpinseln und mit Mohn bestreuen. Das Backblech in den vorgeheizten Ofen schieben.

Backzeiten:
Elektroherd: 30—40 Minuten bei 225 Grad.
Gasherd: 30—40 Minuten auf Stufe 4.

Frühstückshörnchen

Zutaten: 1 Päckchen Trockenhefe,
1 Teel. Zucker,
100 ccm Milch,
150 ccm Wasser,
1 Ei,
1 gehäufter Teel. Salz,
500 g Weizenmehl Typ 405,
1 geschlagenes Ei zum Einpinseln.

Zubereitung:
Die Trockenhefe nach Anweisung auf dem Päckchen zubereiten und gehenlassen.
Milch, Wasser, Ei, Salz und Mehl dazugeben. Mit dem Handrührgerät (Knethaken) zuerst auf niedriger, dann auf höchster Schaltstufe verkneten, bis sich der Teig vom Schüsselrand löst. Den Teig mit Mehl bestäuben und gehenlassen, bis er sich verdoppelt hat (ca. 30 Minuten).
Mit bemehlten Händen den Teig auf dem Backbrett durchkneten, anschließend bis auf ca. 1 cm Dicke ausrollen, in Dreiecke schneiden und zu Hörnchen aufrollen. Die Hörnchen auf das Backblech setzen und ungefähr 15 Minuten gehenlassen.
Die Hörnchen mit dem geschlagenen Ei einpinseln und das Backblech in die mittlere Schiene des vorgeheizten Backofens schieben und goldgelb backen.

Backzeiten:
Elektroherd: 15—20 Minuten bei 225 Grad.
Gasherd: 15—20 Minuten auf Stufe 4.

Zwiebelbrötchen

Zutaten: 3 mittelgroße Zwiebeln,
3 Eßl. Öl,
300 g Weizenmehl Typ 405,
200 g Roggenmehl Typ 1370,
50 g Hefe,
250 ccm Wasser (¼ Liter),
50 g Margarine in Flöckchen,
1 Teel. Salz,
1 Teel. Zucker,
etwas geschmolzene Butter zum Bestreichen.

Zubereitung:
Die Zwiebeln schälen und feinhacken. In einer Pfanne mit Öl glasig dünsten und erkalten lassen.
Das Mehl in eine große Schüssel geben, in die Mitte eine Vertiefung drücken und die Hefe hineinbröckeln. Zucker und 1 Tasse warmes Wasser darübergießen und 15 Minuten gehenlassen.
Alle Zutaten in die Schüssel geben und mit dem Handrührgerät verkneten, bis sich der Teig vom Schüsselrand löst. Die Schüssel mit einem Tuch abdecken und den Teig gehenlassen, bis er die doppelte Größe erreicht hat (ca. 35 Minuten).
Mit bemehlten Händen den Teig auf dem Backbrett durchkneten, kleine Brötchen formen und auf das gefettete Backblech setzen. Abgedeckt nochmals ca. 20 Minuten gehenlassen. Einpinseln.
Das Blech auf mittlerer Schiene in den vorgeheizten Ofen schieben.

Backzeiten:
Elektroherd: 15—20 Minuten bei 225 Grad.
Gasherd: 15—20 Minuten auf Stufe 4.

Heißwecken

Zutaten: 500 g Weizenmehl Typ 405,
42 g Hefe (1 Würfel),
60 g Zucker,
250 ccm Milch (¼ Liter),
150 g weiche Butter in Flöckchen,
100 g Korinthen,
je eine Prise Zimt, Salz und Kardamom.

Zubereitung:
Das Mehl in eine große Schüssel geben, in eine Vertiefung in der Mitte die Hefe bröckeln, 1 Teel. Zucker und eine Tasse warme Milch darübergeben (abgenommen von der angegebenen Menge). 15 Minuten gehenlassen.
Die restlichen Zutaten zugeben und alles mit dem Handrührgerät (Knethaken) verkneten, bis sich der Teig vom Schüsselrand löst. Zugedeckt gehenlassen, bis der Teig sich verdoppelt hat (ca. 40 Minuten).
Mit bemehlten Händen den Teig auf dem Backbrett gut durchkneten. Kleine Bällchen formen und mit genügendem Abstand auf das gefettete Backblech setzen. Erneut ca. 25 Minuten gehenlassen.
In den vorgeheizten Ofen schieben und backen, bis die Heißwecken eine schöne goldbraune Farbe bekommen.

Die süßen Heißwecken können mit Puderzucker bestäubt, aufgeschnitten und mit Schlagsahne gefüllt werden.

Backzeiten:
Elektroherd: ca. 20 Minuten bei 225 Grad.
Gasherd: ca. 20 Minuten auf Stufe 4.

Das Foto zeigt das Plattenbrot — Rezept Seite 72

Riesenbrezel

Zutaten: 1 Päckchen Trockenhefe,
300 g Weizenmehl Typ 405,
200 g Weizenmehl Typ 550,
100 ccm Milch,
50 g Margarine in Flöckchen,
100 ccm saure Sahne,
1 Eßl. Zucker,
1 Ei,
1 Prise Salz,
½ Teel. Muskat,
geriebene Schale von ½ Zitrone,
1 Teel. Zitronensaft,
zum Bestreichen:
1 verquirltes Eigelb.

Zubereitung:
Die Trockenhefe nach Anweisung auf dem Päckchen ansetzen und gehenlassen.
Alle Zutaten zufügen und mit dem Handrührgerät (Knethaken) verkneten, bis der Teig sich vom Schüsselrand löst (eventuell etwas Mehl zufügen). Zugedeckt gehenlassen, bis der Teig etwa die doppelte Größe erreicht hat.
Mit bemehlten Händen den Teig auf dem Backbrett gut durchkneten, eine Teigstange von ca. 50–60 cm Länge formen und diese auf das gefettete Backblech zu einer Brezel formen. Nochmals ca. 20 Minuten gehenlassen.
Den Teig mit Ei bestreichen und in den vorgeheizten Backofen schieben.

Von dieser Brezel nimmt sich jeder „sein Stückchen". Übrigens ein originelles Mitbringsel zur Party.

Backzeiten:
Elektroherd: 15–20 Minuten bei 225 Grad.
Gasherd: 15–20 Minuten auf Stufe 4.

Quarkbrötchen

Zutaten: 500 g Mehl Typ 405,
42 g Hefe (1 Würfel),
1 Tasse lauwarmes Wasser (ca. 150 ccm),
2 Teel. Zucker,
1 Teel. Salz,
500 g Speisequark,
2 geschlagene Eigelb.

Brötchen mit Quark — leicht, locker und gut bekömmlich.

Zubereitung:
Mehl in eine Schüssel geben. In eine Vertiefung in der Mitte die Hefe bröckeln, Wasser und Zucker über die Hefe geben. Ca. 15 Minuten gehenlassen.
Salz und Speisequark zugeben und mit dem Handrührgerät (Knethaken) zuerst auf niedriger und dann auf höchster Schaltstufe gut verkneten. Den Teig mit Mehl bestäuben und gehenlassen, bis er die doppelte Größe erreicht hat (ca. 30 Minuten).
Auf das gefettete Backblech mit zwei angefeuchteten Löffeln längliche Teigstücke setzen. Dabei nicht zu eng setzen! Erneut ca. 15 Minuten gehenlassen.
Den Teig mit dem geschlagenen Eigelb einpinseln und das Backblech in die mittlere Schiene des vorgeheizten Backofens schieben.

Backzeiten:
Elektroherd: 15—20 Minuten bei 250 Grad.
Gasherd: 15—20 Minuten auf Stufe 4.

Kümmelbrötchen

Zutaten: 500 g Weizenmehl Typ 550,
25 g Hefe ($1/2$ Würfel),
1 Teel. Zucker,
250 ccm Milch ($1/4$ Liter),
$1/2$ Teel. Kardamom,
1 Teel. Salz,
3 Teel. zerstoßener Kümmel.
Kümmel zum Bestreuen.

Zubereitung:
Mehl in eine große Schüssel geben, in die Mitte eine Vertiefung drücken und die Hefe hineinbröckeln. Den Zucker und 1 Tasse Milch darübergeben. Ca. 15 Minuten gehenlassen.
Die restlichen Zutaten in die Schüssel geben und mit dem Handrührgerät (Knethaken) verkneten, bis sich der Teig vom Schüsselrand löst. Die Schüssel mit einem Tuch abdecken und den Teig gehenlassen, bis er etwa die doppelte Größe erreicht hat (ca. 35 Minuten).
Mit bemehlten Händen den Teig gut durchkneten. Kleine Brötchen formen und auf das gefettete Backblech setzen. Nochmals ca. 25 Minuten gehenlassen. Die Brötchen mit Wasser bestreichen, kreuzweise einschneiden, mit Kümmel bestreuen und in den vorgeheizten Backofen schieben.

Backzeiten:
Elektroherd: 15–20 Minuten bei 225 Grad.
Gasherd: 15–20 Minuten auf Stufe 4.

Christbrot

Zutaten: 200 g Rosinen ohne Kerne,
150 g Zitronat,
100 g Orangeat,
2 Gläschen Rum,
1000 g Weizenmehl Typ 405,
80 g Hefe,
3 Tassen warme Milch (ca. 350 ccm),
3 Eier,
250 g geschmolzene Butter,
125 g Zucker,
1 Teel. Salz,
die geriebene Schale einer Zitrone.

Zubereitung:
Am Vortage Rosinen, Zitronat und Orangeat mit Rum übergießen und zugedeckt quellen lassen.
Mehl in eine große Schüssel geben, in die Mitte eine Vertiefung drücken und die Hefe hineinbröckeln. 2 Teel. Zucker und 1 Tasse Milch darübergeben und 15 Minuten gehenlassen.
Die restlichen Zutaten (außer den angesetzten Rumfrüchten) zugeben und mit dem Handrührgerät (Knethaken) verkneten, bis der Teig sich vom Schüsselrand löst. Ca. 40 Minuten gehenlassen.
Mit bemehlten Händen auf dem Backbrett die eingelegten Früchte in den Teig kneten. Zu einem runden Laib formen und auf das gefettete Backblech setzen. Ca. 30 Minuten gehenlassen und in den vorgeheizten Ofen schieben.
Nach 3 bis 4 Tagen schmeckt das Brot am besten.

Ein süßes Brot, das für alle Weihnachtsfeiertage ausreicht!

Backzeiten:
Elektroherd: 50—60 Minuten bei 200 Grad.
Gasherd: 50—60 Minuten auf Stufe 3.

Hefezopf

Zutaten: 500 g Weizenmehl Typ 405,
 30 g Hefe,
 250 ccm warme Milch (¼ Liter),
 80 g Zucker,
 1 Päckchen Vanillezucker,
 1 Prise Salz,
 zum Bestreichen:
 65 g geschmolzene Butter,
 1 verquirltes Ei.

Zubereitung:
Mehl in eine Schüssel geben und in eine Vertiefung in der Mitte die Hefe bröckeln. Milch und 1 Teel. Zucker darübergeben und ca. 15 Minuten gehenlassen.
Restlichen Zucker, Vanillezucker und Salz zugeben und mit dem Handrührgerät (Knethaken) durchkneten, bis sich der Teig vom Schüsselrand löst. Zugedeckt ca. 30 Minuten gehenlassen, bis er sich verdoppelt hat.
Mit bemehlten Händen den Teig auf dem Backbrett durchkneten und zu einem Viereck ausrollen. Die Teigplatte mit der Butter und dem Ei bestreichen, einmal zusammenklappen und in drei Streifen schneiden. Locker zu einem Zopf flechten und auf ein gefettetes Backblech legen. Ca. 20 Minuten gehenlassen und dann in den vorgeheizten Backofen schieben.

Backzeiten:
Elektroherd: ca. 35–40 Minuten bei 200 Grad.
Gasherd: ca. 35–40 Minuten auf Stufe 3.

Früchtebrot

Zutaten: 250 g getrocknete Birnen,
250 g getrocknete Pflaumen,
125 ccm Wasser ($1/8$ Liter),
100 ccm Sherry (1 Glas),
250 g getrocknete Bananen,
250 g getrocknete Aprikosen,
250 g Feigen,
250 g Rosinen ohne Kerne,
200 g abgezogene gehackte Mandeln,
1 Teel. Zimt,
$1/2$ Teel. gemahlene Nelken,
5 Eßl. Rum,
600 g Weizenmehl Typ 405,
200 g Roggenmehl Typ 1370,
1 Würfel Hefe (42 g),
1 Teel. Zucker,
375 ccm Wasser ($3/8$ Liter),
2 Teel. Salz,
etwas Zuckerwasser zum Einpinseln.

Zubereitung:
Die getrockneten Birnen und Pflaumen in $1/8$ Liter Wasser mit Sherry aufkochen und abkühlen lassen. Dann mit den übrigen getrockneten Früchten kleinschneiden. Rosinen, Mandeln, Zimt und Nelken zufügen. Den Rum darübergeben, alles gut vermischen und 4 bis 5 Stunden oder über Nacht abgedeckt quellen lassen.
Weizen- und Roggenmehl in eine große Schüssel geben. In die Mitte eine Vertiefung drücken und die Hefe hineinbröckeln. Zucker und 1 Tasse Wasser (von der angegebenen Menge) darübergeben. 20 Minuten gehenlassen.
Das restliche Wasser und Salz dazugeben und mit dem Handrührgerät (Knethaken) verkneten, bis sich der Teig vom Schüsselrand löst. Den Teig zugedeckt

Trotz der vielen Zutaten ist dies Früchtebrot nicht schwierig zu bereiten. Gut abgelagert schmeckt es am besten.

gehenlassen, bis er sich verdoppelt hat (ca. 60 Minuten).

Mit bemehlten Händen den Teig auf dem Backbrett gut durchkneten. Ungefähr ³/₄ der Teigmasse mit der gequollenen Zutatenmischung verkneten.

Den restlichen Brotteig dünn ausrollen.

Die Früchtebrotmasse mit Hilfe eines Teigschabers zu einem ovalen Laib formen und in den ausgerollten Teig einschlagen. Das Brot auf ein gefettetes Backblech setzen und ca. 4 Stunden gehenlassen.

Mit der Gabel mehrere Male einstechen und mit Wasser einpinseln. In den vorgeheizten Backofen schieben.

Kurz vor Ende der Backzeit mit Zuckerwasser einpinseln. Vor dem Verzehr ca. 1 Woche ruhen lassen.

Backzeiten:
Elektroherd: ca. 120 Minuten bei 180 Grad.
Gasherd: ca. 120 Minuten auf Stufe 3.

Anisbrot

Zutaten: 500 g Weizenmehl Typ 550,
30 g Hefe,
50 g Zucker,
200 ccm Buttermilch,
1 Ei,
80 g Butter in Flocken,
1 Prise Salz,
1 Teel. gemahlener Anis,
etwas Milch zum Einpinseln.

Zubereitung:
Das Mehl in eine große Schüssel geben. In die Mitte eine Vertiefung drücken, die Hefe hineinbröckeln, 1 Teel. Zucker und 1 Tasse warme Buttermilch darübergeben (von den angegebenen Mengen abnehmen). 15 Minuten gehenlassen.
Die restlichen Zutaten in die Schüssel geben und mit dem Handrührgerät (Knethaken) zuerst auf niedriger, dann auf höchster Schaltstufe durchkneten, bis der Teig sich vom Schüsselrand löst. Den Teig mit Mehl bestäuben, abdecken und bis zu doppelter Größe gehenlassen (ca. 30 Minuten).
Mit bemehlten Händen den Teig auf dem Backbrett durchkneten. Drei runde Stangen formen (ungefähr 35 cm lang) und zu einem Zopf flechten. Auf das gefettete Backblech setzen und nochmals ca. 15 Minuten gehenlassen.
Im vorgeheizten Backofen auf mittlerer Schiene bakken. Nach dem Backen sofort mit Milch einpinseln.

Backzeiten:
Elektroherd: 20—30 Minuten bei 200 Grad.
Gasherd: 20—30 Minuten auf Stufe 3.

Semmel

Zutaten: 750 g Weizenmehl Typ 405,
42 g Hefe (1 Würfel),
1 Teel. Zucker,
1 Teel. Salz,
350 ccm lauwarme Milch,
1 verquirltes Ei zum Bestreichen.

Zubereitung:
Das Mehl in eine große Schüssel geben, in die Mitte eine Vertiefung drücken und die Hefe hineinbröckeln. Den Zucker und $^1/_2$ Tasse Milch darübergeben. 15 Minuten gehenlassen.
Die restlichen Zutaten in die Schüssel geben und mit dem Handrührgerät (Knethaken) zuerst auf niedriger und dann auf höchster Schaltstufe durchkneten, bis sich der Teig vom Schüsselrand löst.
Den Teig mit Mehl bestäuben, abdecken und gehenlassen, bis er etwa die doppelte Größe erreicht hat (ca. 30 Minuten).
Mit bemehlten Händen den Teig auf dem Backbrett durchkneten und zu einer etwa 5 cm dicken Stange formen. Mit dem Messer kleine Stücke schneiden, etwas flach drücken und auf das gefettete Backblech setzen.
Abgedeckt erneut ca. 20 Minuten gehenlassen. Die Teigstücke kreuzweise einschneiden, mit dem verquirlten Ei bestreichen und das Blech auf mittlerer Schiene in den vorgeheizten Ofen schieben.

Backzeiten:
Elektroherd: ca. 15—20 Minuten bei 250 Grad.
Gasherd: ca. 15—20 Minuten auf Stufe 4 bis 5.

Grahambrötchen

Zutaten: 1 Päckchen Trockenhefe,
2 Eßl. Margarine,
200–250 ccm Milch,
1 Teel. Salz,
1 Eßl. Sirup,
225 g Grahammehl,
200 g Weizenmehl Typ 405,
etwas warmes Wasser zum Einpinseln.

Zubereitung:
Die Trockenhefe nach Anweisung auf dem Päckchen zubereiten, gehenlassen und in eine große Schüssel geben.
Die Margarine schmelzen und mit der restlichen Milch verrühren. Alle Zutaten in die Schüssel geben und mit dem Handrührgerät (Knethaken) zuerst auf niedriger und dann auf höchster Schaltstufe verkneten, bis der Teig sich vom Schüsselrand löst. Den Teig mit Mehl bestäuben, abdecken und gehenlassen, bis er sich verdoppelt hat (ca. 40 Minuten).
Den Teig auf dem Backbrett mit bemehlten Händen gut durchkneten und ungefähr 10 kleine Brötchen formen. Die Brötchen auf das bemehlte Backblech setzen und 25 Minuten gehenlassen.
Das Beckblech in die mittlere Schiene im Ofen schieben. Wenn die Brötchen aus dem Ofen kommen, sofort mit warmem Wasser einpinseln.

Backzeiten:
Elektroherd: ca. 15–20 Minuten bei 250 Grad.
Gasherd: ca. 15–20 Minuten auf Stufe 4 bis 5.

Kleine Zöpfe mit saurer Sahne

Zutaten: 1 Päckchen Trockenhefe,
250 ccm saure Sahne (¹/₄ Liter),
500 g Mehl Typ 405,
1 Ei,
2 EBl. Öl,
etwas Dosenmilch,
zum Bestreichen:
2 EBl. Milch,
1 Eigelb.

Zubereitung:
Die Trockenhefe nach Anweisung auf dem Päckchen ansetzen und gehenlassen (die notwendige Flüssigkeit von der sauren Sahne abnehmen).
Die Hefe und restliche Zutaten in eine große Schüssel geben und alles mit dem Handrührgerät (Knethaken) durchkneten, bis sich der Teig vom Schüsselrand löst. Abgedeckt ca. 30 Minuten gehenlassen.
Mit bemehlten Händen den Teig auf dem Backbrett durchkneten und zu ca. 15 cm langen, daumendicken Stangen formen. Je drei Stangen zum Zopf flechten, auf das gefettete Backblech legen, 15 Minuten gehenlassen und in den vorgeheizten Ofen schieben.
Nach ca. 10 Minuten Backzeit die Zöpfe mit in Milch verquirltem Eigelb bestreichen.

Die saure Sahne gibt den abgerundeten Geschmack. Etwas besonderes zum Sonntagsfrühstück.

Backzeiten:
Elektroherd: ca. 20 Minuten bei 200 Grad.
Gasherd: ca. 20 Minuten auf Stufe 3.

Hamburger Klöben

Zutaten: 1000 g Mehl Typ 405,
60 g Hefe,
125 g Zucker,
350—400 ccm lauwarme Milch,
250 g Butter in Flöckchen,
250 g Rosinen ohne Kerne,
125 g Korinthen,
125 g Sukkade,
2 Teel. Salz,
etwas Kaneel,
die geriebene Schale einer Zitrone,
1 Gläschen Rum.

Zubereitung:
Mehl in eine große Schüssel geben, in die Mitte eine Vertiefung drücken und die Hefe hineinbröckeln. 1 Teel. Zucker und 1 Tasse Milch darübergeben (von der angegebenen Menge abnehmen). 15 Minuten gehenlassen.
Die restlichen Zutaten zugeben und mit dem Handrührgerät verkneten, bis der Teig sich vom Schüsselrand löst. Abgedeckt gehenlassen, bis der Teig sich verdoppelt hat (ca. 40 Minuten).
Mit bemehlten Händen den Teig auf dem Backbrett durchkneten, einen Klöben formen und auf das gefettete Backblech setzen. Abgedeckt nochmals ca. 20 Minuten gehenlassen.
Auf mittlerer Schiene in den vorgeheizten Backofen schieben.

Backzeiten:
Elektroherd: ca. 65 Minuten bei 200 Grad.
Gasherd: ca. 65 Minuten auf Stufe 3.

Roggenbrötchen

Zutaten: 1 Päckchen Trockenhefe,
300 g Roggenmehl Typ 1370,
200 g Weizenmehl Typ 405,
50 ccm Zitronen-Würzmittel aus konzentriertem Zitronensaft,
250 ccm Wasser ($1/4$ Liter),
2 Teel. Salz,
1 Eßl. Butter,
1 Teel. Zucker.

Zubereitung:
Die Trockenhefe nach Anweisung auf dem Päckchen ansetzen und gehenlassen.
Die Hefe in eine große Schüssel geben, die restlichen Zutaten zufügen und mit dem Handrührgerät (Knethaken) verkneten, bis sich der Teig vom Schüsselrand löst. Mit Mehl bestäuben und zugedeckt zu doppelter Größe gehenlassen (ca. 30 Minuten).
Mit bemehlten Händen den Teig gut durchkneten (auf dem Backbrett) und kleine Brötchen formen. Die Teigstücke in Mehl wenden und auf das bemehlte Backblech setzen.
Nochmals zugedeckt ca. 40 Minuten auf dem Backblech gehenlassen.
Das Backblech auf mittlerer Schiene in den vorgeheizten Ofen schieben.

Backzeiten:
Elektroherd: ca. 25 Minuten bei 225—250 Grad.
Gasherd: ca. 25 Minuten auf Stufe 4—5.

Brioche-Brot

Zutaten: 300 g Weizenmehl Typ 405,
15 g Hefe,
3 Teel. Zucker,
$^1/_2$ Tasse warme Milch (ca. 5 Eßl.),
150 g flüssige Butter,
3 Eier,
1 Teel. Salz,
warme Milch zum Einpinseln.

Dieser sehr gehaltvolle Hefeteig wird in Frankreich in großen oder kleinen Formen mit gewelltem Rand gebacken.

Zubereitung:
Das Weizenmehl in eine große Schüssel geben und in die Mitte eine Vertiefung drücken. Die Hefe hineinbröckeln und 1 Teel. Zucker darübergeben. Die warme Milch vorsichtig über die Hefe gießen. 15 Minuten gehenlassen.
Die restlichen Zutaten zugeben und mit dem Handrührgerät (Knethaken) verkneten, bis sich der Teig vom Schüsselrand löst. Den Teig mit Mehl bestäuben, mit einem Tuch abdecken und gehenlassen, bis er etwa die doppelte Größe erreicht hat (ungefähr 40 Minuten).
Kleine Teigkugeln formen und in eine gefettete Backform setzen, so daß sie aneinanderstoßen.
Erneut ca. 20 Minuten gehenlassen.
Den Teig mit Milch einpinseln und die Form auf dem Rost auf mittlerer Schiene in den vorgeheizten Backofen schieben.

Backzeiten:
Elektroherd: 15–20 Minuten bei 225 Grad.
Gasherd: 15–20 Minuten auf Stufe 4.

Ausländische Brotspezialitäten

Andere Länder — andere Sitten. Das gilt auch für Brot. Was für uns der Weizen, ist für andere Völker Mais, Reis oder Hirse.
Die Rezepte auf den folgenden Seiten haben wir für Sie vereinfacht, dabei aber die speziellen Eigentümlichkeiten und Geschmacksrichtungen bewahrt.

Französisches Rosenherz

Zutaten: 250 g Weizenmehl Typ 405,
21 g Hefe (½ Würfel),
1 Teel. Zucker,
90 ccm Buttermilch,
1 Ei,
2 Eßl. Öl.
Für die Füllung:
100 g herzhafter Schnittkäse (gerieben),
125 g Speisequark,
1 Teel. Edelsüßpaprika,
etwas Zwiebelsalz,
etwas frisch gemahlener Pfeffer,
zum Bestreichen:
1 Eiweiß.

Zubereitung:
Das Mehl in eine große Schüssel geben und in die Mitte eine Vertiefung drücken. Die Hefe hineinbröckeln und den Zucker sowie ½ Tasse warme Buttermilch (abgenommen von der angegebenen Menge) darübergeben. 15 Minuten gehenlassen.
Den Rest Buttermilch, Ei und Öl zugeben und mit dem Handrührgerät (Knethaken) verkneten, bis sich der Teig vom Schüsselrand löst. Den Teig mit Mehl bestäuben, die Schüssel mit einem Tuch abdecken und gehenlassen, bis der Teig sich etwa verdoppelt hat.
Mit bemehlten Händen den Teig auf dem Backbrett gut durchkneten.
Den Teig zu einer Platte von ca. 1 bis 1½ cm Dicke ausrollen.
Die Zutaten für die Füllung in eine Schüssel geben und miteinander verrühren.
Die Käsemasse mit einem Löffel auf die Teigplatte geben, gleichmäßig verstreichen und die Teigplatte

Die Herzform macht dieses Brot besonders attraktiv — jede andere Form ist natürlich genauso gut geeignet.

Kasseler im Brotteig — Rezept Seite 76

rundherum am Rand mit Eiweiß bestreichen (damit der Teig später zusammenhält).
Den Teig vorsichtig aufrollen und die mit Eiweiß bestrichenen Kanten etwas festdrücken.
Das Backblech einfetten und eine Herzform ohne Boden, ebenfalls eingefettet, daraufsetzen (wenn Sie keine Herzform besitzen, können Sie natürlich auch eine andere flache Form benutzen).
Die Teigrolle in ca. 5 cm breite Stücke schneiden und senkrecht, so daß die Schnittkanten sichtbar bleiben, in die Form setzen.
Den Teig nochmal ungefähr 20 Minuten gehenlassen und dann in den vorgeheizten Backofen schieben. Wenn Sie eine Backform mit Boden verwenden, benutzen Sie das Rost.

Backzeiten:
Elektroherd: ca. 45 Minuten bei 225 Grad.
Gasherd: ca. 45 Minuten auf Stufe 4.

Schwedisches Frühstücksbrot (2 Brote)

Zutaten: 1000 g Mehl Typ 405,
42 g Hefe (1 Würfel),
120 g Zucker,
450 ccm warme Milch,
½ Teel. Salz,
1 Ei,
100 g Margarine,
1 Teel. Zimt,
1 Teel. Fenchelsamen,
zum Bestreichen:
1 Ei, 2 Eßl. Milch, 1 Prise Salz,
zum Bestreuen:
2 Eßl. gehackte Mandeln.

Zubereitung:
Mehl in eine Schüssel geben und in die Mitte eine Vertiefung drücken. Die Hefe hineinbröckeln, 1 Teel. Zucker und 1 Tasse warme Milch darübergeben. 15 Minuten gehenlassen.
Die übrigen Zutaten zufügen und mit dem Handrührgerät (Knethaken) erst auf niedriger, dann auf höchster Schaltstufe kneten, bis der Teig sich vom Schüsselrand löst. Mit Mehl bestäuben und abgedeckt 30 bis 60 Minuten gehenlassen, bis der Teig sich verdoppelt hat.
Mit bemehlten Händen auf dem Backbrett durchkneten und 2 ovale Brote formen.
Ca. 15 Minuten gehenlassen.
Mehrmals quer auf der Oberseite einschneiden und mit in Milch verquirltem Ei und Salz einpinseln. Mit gehackten Mandeln bestreuen und auf ein gefettetes Backblech setzen. Im vorgeheizten Backofen auf mittlerer Schiene backen.

Backzeiten:
Elektroherd: ca. 30—45 Minuten bei 225 Grad.
Gasherd: ca. 30—45 Minuten auf Stufe 4 bis 5.

Maisbrot

Zutaten: 1 Päckchen Trockenhefe,
2 Eier,
40 g Margarine,
250 g Maismehl,
200 g Weizenmehl Typ 405,
100 ccm Milch,
1 Eßl. Zucker,
1 Teel. Salz,
etwas Fett zum Einfetten der Kastenform.

Zubereitung:
Die Trockenhefe nach Anweisung auf dem Päckchen anrühren und gehenlassen.
Die Eier verquirlen, die Margarine schmelzen und mit der Hefe und den restlichen Zutaten in einer großen Schüssel verrühren. Mit dem Handrührgerät (Knethaken) zuerst auf niedriger und dann auf höchster Schaltstufe verkneten. Den Teig bemehlen und gehenlassen, bis er ungefähr die doppelte Größe erreicht hat (ca. 45 Minuten).
Den Teig auf dem Backbrett mit bemehlten Händen leicht durchkneten und in eine flache, gefettete Backform geben. Nochmals gehenlassen (ca. 20 Minuten). Mit dem Messer den Teig einmal über die ganze Länge einschneiden und die Kastenform auf dem Rost in den vorgeheizten Ofen schieben.

Backzeiten:
Elektroherd: ca. 60 Minuten bei 225 Grad.
Gasherd: ca. 60 Minuten auf Stufe 4.

Schottisches Haferbrot

Zutaten: 250 g Haferflocken,
250 ccm süße Sahne ($1/4$ Liter),
1 Sahnejoghurt,
150 g Margarine,
4 Eier,
120 g Zucker,
Schale von einer Zitrone,
200 g Weizenmehl,
1 Päckchen Backpulver,
je 40 g Zitronat und Orangeat,
50 g kernlose Rosinen.

Dieses Brot ist fast schon ein Kuchen.

Zubereitung:
Haferflocken mit Sahne und Joghurt vermischen und ca. 15 Minuten einweichen lassen.
Die Margarine mit Eiern, Zucker und Zitronenschale schaumig rühren. Mehl und Backpulver zufügen und kurz unterrühren.
Dann Zitronat, Orangeat und Rosinen mit den eingeweichten Haferflocken unter den Teig heben. Eine flache rechteckige Form fetten und den Teig einfüllen. Im vorgeheizten Backofen auf mittlerer Schiene backen.

Backzeiten:
Elektroherd: ca. 50–60 Minuten bei 200 Grad.
Gasherd: ca. 50–60 Minuten auf Stufe 3.

Englische Korinthenbrötchen

Zutaten: 1 Päckchen Trockenhefe,
125 ccm Milch,
375 g Mehl Typ 405,
1 Teel. Salz,
75 g Margarine,
1 Ei,
50 g Korinthen,
50 g Rosinen ohne Kerne,
etwas Zimt und Kardamom.

Zubereitung:
Die Trockenhefe nach Anweisung auf dem Päckchen ansetzen, gehenlassen und in eine große Schüssel geben.
Milch, Mehl, Salz, Margarine, Ei zufügen und mit dem Handrührgerät (Knethaken) verkneten, bis der Teig sich vom Schüsselrand löst. Den Teig abdecken und gehenlassen, bis er sich verdoppelt hat.
Mit bemehlten Händen auf dem Backbrett die restlichen Zutaten einkneten und kleine Kugeln von ca. 6 cm Durchmesser formen. Auf das eingefettete Backblech setzen (nicht zu eng) und 20 Minuten gehenlassen.
Auf mittlerer Schiene in den vorgeheizten Backofen schieben.

Backzeiten:
Elektroherd: 15—20 Minuten bei 220 Grad.
Gasherd: 15—20 Minuten auf Stufe 4.

Norwegische Kartoffelscheiben

Zutaten: 250 g rohe Kartoffeln,
1 kleine Zwiebel,
150 ccm kaltes Sodawasser,
1 Ei,
300 g Roggenmehl Typ 1370,
150 g Weizenmehl Typ 405,
2 Teel. Salz.

Zubereitung:
Kartoffeln und die Zwiebel schälen. Fein zerreiben oder im Mixer pürieren.
Mit den restlichen Zutaten in einer großen Schüssel anrühren. Über Nacht zugedeckt stehen lassen. Auf dem bemehlten Backblech den Teig gut durchkneten und zu einer Platte dünn ausrollen (etwa 3 mm dünn). Runde Scheiben ausstechen oder -schneiden (selbstverständlich können Sie der Einfachheit halber auch viereckige Stücke schneiden, dann haben Sie keine Reste).
Die Scheiben in genügend Abstand auf das Backblech legen — das Backblech nicht einfetten!
In den vorgeheizten Backofen schieben und auf mittlerer Schiene knusprig backen.

Die Scheiben werden heiß, mit Butter und Marmelade bestrichen, gegessen.

Backzeiten:
Elektroherd: ca. 15 Minuten bei 225 Grad.
Gasherd: ca. 15 Minuten auf Stufe 4.

Armenische Sesamfladen

Zutaten: 250 g Weizenmehl Typ 405,
15 g Hefe,
$1/2$ Teel. Zucker,
100 ccm warmes Wasser,
50 g geschmolzene Butter,
$1/2$ Teel. Salz,
Sesam zum Bestreuen.

Zubereitung:
Das Mehl in eine Schüssel geben und in die Mitte eine Vertiefung drücken. Die Hefe hineinbröckeln, den Zucker und $1/2$ Tasse Wasser darübergeben. 15 Minuten gehenlassen.
Die restlichen Zutaten in die Schüssel geben und mit dem Handrührgerät (Knethaken) gut verkneten, bis sich der Teig vom Schüsselrand löst. Den Teig mit Mehl bestäuben, mit einem Tuch abdecken und gehenlassen, bis er sich etwa verdoppelt hat (ca. 30 Minuten).
Mit bemehlten Händen den Teig auf dem Backbrett durchkneten und in 5 Portionen teilen.
Die Teigstücke dünn ausrollen und mit etwas kaltem Wasser besprengen. Auf das gefettete Backblech legen und mit dem Rührlöffel-Stiel mehrmals eindrücken. Erneut ca. 20 Minuten gehenlassen.
Den Teig mit Wasser einpinseln und mit Sesam bestreuen. Auf mittlerer Schiene in den vorgeheizten Backofen schieben.

Backzeiten:
Elektroherd: ca. 15 Minuten bei 180 Grad.
Gasherd: ca. 15 Minuten auf Stufe 2.

Plattenbrot

Zutaten: 400 g Weizenmehl Typ 405,
200 g Roggenmehl Typ 1370,
42 g Hefe (1 Würfel),
1 Teel. Zucker,
250 ccm lauwarme Milch (¼ Liter),
1 Ei,
2 Teel. Salz,
je 1 Eßl. Leinsamen und gestoßener Koriander,
etwas Milch zum Bestreichen,
1 Eßl. gestoßener Koriander zum Bestreuen.

Zubereitung:
Das Mehl in eine große Schüssel geben und in die Mitte eine Vertiefung drücken. Die Hefe hineinbrökkeln, den Zucker und 1 Tasse lauwarme Milch darübergeben. 15 Minuten gehenlassen.
Die restlichen Zutaten in die Schüssel geben und mit dem Handrührgerät erst auf niedriger, dann auf höchster Schaltstufe verkneten, bis der Teig sich vom Schüsselrand löst. Den Teig mit Mehl bestäuben, mit einem Tuch abdecken und gehenlassen, bis er etwa die doppelte Größe erreicht hat (ca. 50 Minuten). Mit bemehlten Händen durchkneten.
Den Teigkloß auf ein gefettetes Backblech legen und ca. 1 cm dick ausrollen. Abgedeckt ca. 20 Minuten gehenlassen.
Den Teig mit Milch bestreichen und mit dem gestoßenen Koriander bestreuen. Im vorgeheizten Backofen auf mittlerer Schiene backen.

Durch den Koriander bekommt dieses Brot die besondere Würze.

Backzeiten:
Elektroherd: ca. 20 Minuten bei 250 Grad.
Gasherd: ca. 20 Minuten auf Stufe 5.

Gefüllte Brote

Brot wird bei uns fast nur als „Unterlage" benutzt. In Scheiben geschnitten und mit Wurst oder Käse belegt, oder unter süßem Brotaufstrich versteckt, ist Brot die klassische Grundlage für kalte Mahlzeiten.
Als warme Hauptmahlzeit, mit Fleisch- oder würziger Käsefüllung, zeigt es uns und unseren Gästen ein neues, appetitliches Gesicht.

Gefülltes Käsebrot

Zutaten: 500 g Weizenmehl Typ 405,
21 g Hefe ($^1/_2$ Würfel),
200 ccm Buttermilch,
1 Teel. Zucker,
2 Teel. Salz,
180 g Butter in Flöckchen,
für die Füllung:
1 Camembert,
200 g würziger Schnittkäse,
125 g Speisequark,
125 g zerbröckelter Schafskäse,
1 Eßl. Butter,
1 geriebene Zwiebel,
reichlich frisch gemahlener Pfeffer,
1 ganzes Ei,
2 Teel. Rosenpaprika.

Zubereitung:
Das Mehl in eine große Schüssel geben und in die Mitte eine Vertiefung drücken. Die Hefe hineinbröckeln, $^1/_2$ Tasse warme Buttermilch (abgenommen von der angegebenen Menge) darübergeben und den Zucker hineinstreuen. 15 Minuten gehenlassen.

Dieses Brot befriedigt Käsefans und Feinschmecker. Vor dem Anschneiden abkühlen lassen, sonst läuft der Käse weg.

Die restliche Buttermilch, Salz und Butter in die Schüssel geben und mit dem Handrührgerät (Knethaken) alles gut verkneten, bis sich der Teig vom Schüsselrand löst. Die Schüssel mit einem Tuch abdecken und an einem warmen Ort gehenlassen, bis der Teig sein Volumen etwa verdoppelt hat (ca. 30 bis 40 Minuten).

Während der Gehzeit wird die Füllung zubereitet: Alle Zutaten in einen Mixer geben und zu einer zähen Masse vermischen. Wenn kein Mixer zur Verfügung steht, zerkleinern Sie den Camembert, reiben Sie den Schnittkäse und verrühren Sie die Zutaten mit dem Rührlöffel.

Den gegangenen Teig auf dem Backbrett mit bemehlten Händen gut durchkneten und anschließend ca. 3 cm dick ausrollen. Eine viereckige (oder runde), flache Form fetten und den Teigfladen hineinlegen. Den Teig vorsichtig in die Ecken drücken. Der Teig muß so groß ausgerollt worden sein, daß er jetzt um etwa eine Kastenbreite über den Rand hängt.
Die Käsefüllung in die Teigmitte geben und den Teig locker darüber zusammenfalten. Zugedeckt ca. 15 Minuten gehenlassen.
Die Form auf dem Rost in den vorgeheizten Backofen schieben.
Wenn Sie ca. 10 Minuten vor dem Garwerden den Teig mit Salzwasser einpinseln, bekommt das Brot eine appetitliche Kruste.

Backzeiten:
Elektroherd: ca. 60 Minuten bei 200 Grad.
Gasherd: ca. 60 Minuten auf Stufe 3.

Kasseler im Brotteig

Zutaten: 1,5 kg Kasseler (beim Fleischer entbeinen lassen),
für den Brotteig:
1 Päckchen Trockenhefe,
300 g Weizenmehl Typ 1050,
100 g Weizenmehl Typ 405,
200 ccm lauwarmes Wasser,
1 Teel. Salz,
2 Teel. Zitronenwürze (Extrakt).

Dazu schmeckt ein üppiger gemischter Salat und eine Cumberlandsoße.

Zubereitung:
Kasseler waschen, trockentupfen, sorgfältig in Alufolie schlagen und auf ein Backblech legen. In den vorgeheizten Backofen schieben und bei 200 Grad (Elektro) oder Stufe 4 (Gas) 45 Minuten garen. Dann aus der Folie nehmen und etwas abkühlen lassen (dies kann schon am Vortage gemacht werden).
Die Trockenhefe wie auf dem Päckchen beschrieben ansetzen und gehenlassen.
Dann alle Zutaten mit der gegangenen Hefe in eine große Schüssel geben und mit dem Handrührgerät (Knethaken) durchkneten, bis sich der Teig vom Schüsselrand löst.
Den Teig mit etwas Mehl bestäuben und mit einem Tuch abdecken. So lange gehenlassen, bis er sich etwa verdoppelt hat (ca. 40 Minuten).
Den Teig mit bemehlten Händen auf dem Backbrett durchkneten und anschließend zu einem großen, ca. 2 bis 3 Zentimeter dicken Rechteck ausrollen.
Den Kasseler in den Teig einschlagen und auf ein gefettetes Backblech setzen.
Mit den Teigresten Verzierungen auflegen und etwas andrücken.
Der Teig muß jetzt noch einmal ca. 15 Minuten gehen.
Mit einer Gabel den Teig einige Male einstechen, mit Wasser einpinseln und leicht mit Mehl bestäuben.

Im vorgeheizten Backofen auf mittlerer Schiene bakken.
Statt Kasseler können Sie auch Schinken nehmen. Bei 2 bis 3 kg Hinterschinken beträgt die Garzeit in Folie ca. 3 Stunden.
Wenn Sie von dem gefüllten Brot etwas nachbehalten: Einfach in Folie schlagen und wieder aufbacken. Dann schmeckt es wieder frisch und knusprig.

Backzeiten:
Elektroherd: ca. 50 bis 60 Minuten bei 225 Grad.
Gasherd: ca. 50 bis 60 Minuten auf Stufe 4.

Gefüllter Brotkranz

Zutaten: 250 g Roggenmehl Typ 1370,
300 g Weizenmehl Typ 405,
42 g Hefe (1 Würfel),
1 Teel. Zucker,
270 ccm lauwarmes Wasser,
2 Eßl. Öl,
1½ Teel. Salz,
2 Teel. Zitronenwürze (Extrakt).
Für die Füllung:
200 g Schinkenspeck,
1 mittelgroße Zwiebel,
je 1 Bund Petersilie und Dill,
100 g Doppelrahmfrischkäse,
1 Eigelb,
etwas frisch gemahlener Pfeffer,
zum Bestreichen:
1 Eigelb,
2 Eßl. Dosenmilch.

Zubereitung:
Die Mehle in eine Schüssel geben. In die Mitte eine Vertiefung drücken, die Hefe hineinbröckeln, Zucker und 1 Tasse Milch darübergeben.
15 Minuten gehenlassen.
Die restlichen Teigzutaten zufügen und alles mit dem Handrührgerät (Knethaken) zuerst auf niedriger und dann auf höchster Schaltstufe durchkneten, bis sich der Teig im Kloß vom Schüsselrand löst.
Mit Mehl bestäuben und abgedeckt so lange gehenlassen, bis sich der Teig fast verdoppelt hat (ca. 40 Minuten).
Für die Füllung Schinken und Zwiebel würfeln, Kräuter feinschneiden. Den Frischkäse mit Eigelb verrühren und mit Pfeffer würzen. Alles mit den anderen Zutaten vermischen.
Den gegangenen Teig mit bemehlten Händen auf dem

Hiermit werden Sie Ihre Gäste bestimmt überraschen.

Backbrett durchkneten und zu einem rechteckigen Stück ausrollen. Das Teigstück soll etwa 50 x 30 Zentimeter groß sein.
Den Teig in zwei ca. 15 Zentimeter breite Streifen schneiden und die Füllung jeweils auf die Mitte der Streifen geben (über die gesamte Länge).
Die Teigkanten rundherum mit Wasser einpinseln und die Streifen zu zwei 50 Zentimeter lange Stangen aufrollen.
Beide Stangen miteinander verschlingen (wie bei einer Kordel) und zu einem Kranz auf ein gefettetes Backblech setzen.
Das Eigelb mit Dosenmilch verquirlen und den Kranz damit bestreichen.
Auf mittlerer Schiene in den vorgeheizten Backofen schieben.

Backzeiten:
Elektroherd: ca. 50 Minuten bei 225 Grad.
Gasherd: ca. 50 Minuten auf Stufe 4.

Unser Tip

Meine Vollkornbackstube
Brot · Kuchen · Aufläufe
(0616) Von R. Raffelt, 96 Seiten,
4 Farbtafeln, 4 s/w-Fotos, 8 Zeichnungen,
kartoniert, **DM 6,80,** S 59,–

Gesund leben – schlank werden mit der Bio-Kur
(0657) Von S. Winter, 144 Seiten,
4 Farbtafeln, kartoniert, **DM 9,80,** S 79,–

Kräuter- und Heilpflanzen-Kochbuch für eine gesunde Lebensweise
(4066) Von P. Pervenche, 143 Seiten,
15 Farbtafeln, kartoniert, **DM 14,80,** S 119,–

Biologische Ernährung für eine natürliche und gesunde Lebensweise
(4125) Von G. Leibold, 136 Seiten,
15 Farbtafeln, 47 Zeichnungen, kartoniert,
DM 14,80, S 119,–

Falls durch besondere Umstände Preisänderungen notwendig werden, erfolgt Auftragserledigung zu dem bei der Lieferung gültigen Preis.

Stand Sommer 1986

Gesamt-Programm

Essen und Trinken

Köstliche Suppen
für jede Tages- und Jahreszeit. (5122) Von E. Fuhrmann, 64 S., 38 Farbfotos, 2 Zeichnungen, Pappband. **DM 14,80**/S 119.–

Kochen, was allen schmeckt
1700 Koch- und Backrezepte für jede Gelegenheit. (4098) Von A. und G. Eckert, 796 S., 60 Farbtafeln, Pappband. **DM 29,80**/S 239.–

Falken-Handbuch
Kochen nach allen Regeln der Kunst
Das moderne Grundkochbuch mit über 1000 Farbbildern. (4143) Von M. Gutta, 624 S., über 1000 farbige Abb., gebunden. **DM 78,–**/S 598.–

Brunos beste Rezepte
– rund ums Jahr (4154) Von B. Henrich, 136 S., 15 Farbfotos, kart. **DM 14,80**/S 119.–

Was koche ich heute?
Neue Rezepte für Fix-Gerichte. (0608) Von A. Badelt-Vogt, 112 S., 16 Farbtafeln, kart. **DM 9,80**/S 79.–

Kochen für 1 Person
Rationell wirtschaften, abwechslungsreich und schmackhaft zubereiten. (0586) Von M. Nicolin, 136 S., 8 Farbtafeln, 23 Zeichnungen, kart. **DM 9,80**/S 79.–

Gesunde Kost aus dem Römertopf
(0442) Von J. Kramer, 128 S., 8 Farbtafeln, 13 Zeichnungen, kart. **DM 8,80**/S 74.–

Nudelgerichte
– lecker, locker, leicht zu kochen. (0466) Von C. Stephan, 80 S., 8 Farbtafeln, kart. **DM 7,80**/S 69.–

Lieblingsrezepte
Phantasievoll zubereitet und originell dekoriert. (4234) Hrsg. P. Diller. 160 S., 120 Farbfotos, 34 Zeichnungen, Pappband. **DM 24,80**/S 198.–

Was Männer gerne essen
Leibgerichte
(2216) Von C. Arius, 80 S., 55 Farbabb., Pappband. **DM 9,80**/S 85,–

Omas Küche und unsere Küche heute
(4089) Von J. P. Lemcke, 160 S., 8 Farbtafeln, 95 Zeichnungen, Pappband. **DM 24,80**/S 198.–

Die besten Eintöpfe und Aufläufe
Das Beste aus den Kochtöpfen der Welt (5079) Von A. und G. Eckert, 64 S., 50 Farbfotos, Pappband. **DM 14,80**/S 119.–

Schnell und gut gekocht
Die tollsten Rezepte für den Schnellkochtopf. (0265) Von J. Ley, 96 S., 8 Farbtafeln, kart. **DM 7,80**/S 69.–

Kochen und backen im Heißluftherd
Vorteile, Gebrauchsanleitung, Rezepte. (0516) Von K. Kölner, 72 S., 8 Farbtafeln, kart. **DM 7,80**/S 69.–

Das neue Mikrowellen-Kochbuch
(0434) Von H. Neu, 64 S., 4 Farbtafeln, 16 s/w Zeichnungen, kart. **DM 6,80**/S 59.–

Ganz und gar mit Mikrowellen
(4094) Von T. Peters, 208 S., 24 Farbfotos, 12 Zeichnungen, kart. **DM 29,80**/S 239.–

Haltbar machen durch
Trocknen und Dörren
Obst, Gemüse, Pilze, Kräuter (0696) Von M. Bustorf-Hirsch, 32 S., 42 Farbfotos, Spiralbindung. **DM 7,80**/S 69.–

Marmeladen, Gelees und Konfitüre
Köstlich wie zu Omas Zeiten – einfach selbstgemacht. (0720) Von M. Gutta, 32 S., 23 Farbfotos, 1 Zeichnung, Pappband. **DM 7,80**/S 69.–

Einkochen
nach allen Regeln der Kunst. (0405) Von B. Müller, 128 S., 8 Farbtafeln, kart. **DM 9,80**/S 79.–

Einkochen, Einlegen, Einfrieren
Gesund, herzhaft. (4055) Von B. Müller, 27 s/w.-Abb., kart. **DM 14,80**/S 119.–

Das neue Frittieren
geruchlos, schmackhaft und gesund. (0365) Von P. Kühne, 96 S., 8 Farbtafeln, kart. **DM 7,80**/S 69.–

Weltmeister-Soßen
Die Krönung der feinen Küche. (0357) Von G. Cavestri, 96 S., 4 Farbtafeln, 80 Zeichnungen, kart. **DM 9,80**/S 79.–

Wildgerichte
einfach bis raffiniert. (5115) Von M. Gutta, 64 S., 43 Farbfotos, Pappband. **DM 14,80**/S 119.–

Geflügel
Die besten Rezepte aus aller Welt. (5050) Von M. Gutta, 64 S., 32 Farbtafeln, Pappband. **DM 14,80**/S 119.–

Mehr Freude und Erfolg beim **Grillen**
(4141) Von A. Berliner, 160 S., 147 Farbfotos, 10 farbige Zeichnungen, Pappband. **DM 24,80**/S 198.–

Grillen
Fleisch · Fisch · Beilagen · Soßen. (5001) Von E. Fuhrmann, 64 S., 38 Farbfotos, Pappband. **DM 14,80**/S 119.–

Chinesisch kochen
Schmackhafte Rezepte für die abwechslungsreiche Küche. (5011) Von A. und G. Eckert, 64 S., 57 Farbfotos, Pappband. **DM 14,80**/S 119.–

Chinesisch kochen
mit dem Wok-Topf und dem Mongolen-Topf. (0557) Von C. Korn, 64 S., 8 Farbtafeln, kart. **DM 7,80**/S 69.–

Schlemmerreise durch die
Chinesische Küche
(4184) Von Kuo Huey Jen, 160 S., 117 Farbfotos, Pappband. **DM 24,80**/S 198.–

Ostasiatische Küche
schmackhaft, bekömmlich und vielseitig. (5066) Von T. Sozuki, 64 S., 39 Farbfotos, Pappband. **DM 14,80**/S 119.–

Nordische Küche
Speisen und Getränke von der Küste. (5082) Von J. Kürtz, 64 S., 44 Farbfotos, Pappband. **DM 14,80**/S 119.–

Deutsche Küche
Schmackhafte Gerichte von der Nordsee bis zu den Alpen. (5025) Von E. Fuhrmann, 64 S., 52 Farbfotos, Pappband. **DM 14,80**/S 119.–

Französisch kochen
Eine kulinarische Reise durch Frankreich. (5016) Von M. Gutta, 64 S., 35 Farbfotos, Pappband. **DM 14,80**/S 114.–

Französische Küche
(0685) Von M. Gutta, 96 S., 16 Farbtafeln, kart. **DM 8,80**/S 74.–

Französische Spezialitäten aus dem Backofen
Herzhafte Tartes und Quiches mit Fleisch, Fisch, Gemüse und Käse (5146) Von P. Klein, 64 S., 43 Farbfotos, Pappband. **DM 16,80**/139,–

Kochen und würzen mit Knoblauch
(0725) Von A. und G. Eckert, 96 S., 8 Farbtafeln, kart. **DM 7,80**/S 69,–

Schlemmerreise durch die
Italienische Küche
(4172) Von V. Pifferi. 160 S., 109 Farbfotos, Pappband. **DM 24,80**/S 198,–

Italienische Küche
Ein kulinarischer Streifzug mit regionalen Spezialitäten. (5026) Von M. Gutta, 64 S., 35 Farbfotos, Pappband. **DM 14,80**/S 119.–

Portugiesische Küche und Weine
Kulinarische Reise durch Portugal. (0607) Von E. Kasten, 96 S., 16 Farbtafeln, kart. **DM 9,80**/S 79.–

Köstliche Pizzas, Toasts, Pasteten
Schmackhafte Gerichte schnell zubereitet. (5081) Von A. und G. Eckert, 64 S., 46 Farbfotos, Pappband. **DM 14,80**/S 119.–

Köstliche Pilzgerichte
Rezepte für die meistvorkommenden Speisepilze. (5133) Von V. Spicker-Noack, M. Knoop, 64 S., 52 Farbfotos, Pappband. **DM 14,80**/S 119.–

Am Tisch zubereitet
Fondues, Raclettes, Flambieren. (4152) Von I. Otto, 208 S., 12 Farbtafeln, 17 s/w-Fotos, Pappband. **DM 24,80**/S 198.–

Köstliche Fondues
mit Fleisch, Geflügel, Fisch, Käse, Gemüse und Süßem. (5006) Von E. Fuhrmann, 64 S., 50 Farbfotos, Pappband. **DM 14,80**/S 119.–

Fondues
und fritierte Leckerbissen. (0471) Von S. Stein, 96 S., 8 Farbtafeln, kart. **DM 6,80**/S 59.–

Fondues · Raclettes · Flambiertes
(4081) Von R. Peiler und M.-L. Schult, 136 S., 15 Farbtafeln, 28 Zeichnungen, kart. **DM 14,80**/S 119.–

Neue, raffinierte Rezepte mit dem Raclette-Grill
(0558) Von L. Helger, 56 S., 8 Farbtafeln, kart. **DM 7,80**/S 69.–

Rezepte rund um Raclette und Hobby-Rechaud
(0420) Von J. W. Hochscheid, 72 S., 8 Farbtafeln, kart. **DM 7,80**/S 69.–

Kochen und Würzen mit Paprika
(0792) Von A. u. G. Eckert, 88 S., 8 Farbtafeln, kart. **DM 8,80**/S 74.–

Kleine Kalte Küche
für Alltag und Feste. (5097) Von A. und G. Eckert, 64 S., 45 Farbfotos, Pappband. **DM 12,80**/S 99.–

Kalte Platten – Kalte Büfetts
rustikal bis raffiniert. (5015) Von M. Gutta, 64 S., 34 Farbfotos, Pappband. **DM 14,80**/S 119.–

Kalte Happen und Partysnacks
Canapés, Sandwiches, Pastetchen, Salate und Suppen. (5029) Von D. Peters. 64 S., 44 Farbfotos, Pappband. **DM 14,80**/S 119.–

Garnieren und Verzieren
(4236) Von R. Biller, 160 S., 329 Farbfotos, 57 Zeichnungen, Pappband. **DM 24,80**/S 198.–

Desserts
Puddings, Joghurts, Fruchtsalate, Eis, Gebäck, Getränke. (5020) Von M. Gutta, 64 S., 41 Farbfotos, Pappband. **DM 14,80**/S 119.–

Süße Nachspeisen
(0601) Von P. Lohmann, 96 S., 8 Farbtafeln, 28 Zeichnungen, kart. **DM 8,80**/S 74.–

Crêpes, Omeletts und Soufflés
Pikante und süße Spezialitäten. (5131) Von J. Rosenkranz, 64 S., 45 Farbfotos, Pappband. **DM 14,80**/S 119.–

Backen
(4113) Von M. Gutta, 240 S., 123 Farbfotos, Pappband. **DM 48,–**/S 398.–

Kuchen und Torten
Die besten und beliebtesten Rezepte. (5067) Von M. Sauerborn, 64 S., 79 Farbfotos, Pappband. **DM 14,80**/S 119.–

Schönes Hobby Backen
Erprobte Rezepte mit modernen Backformen. (0451) Von E. Blome, 96 S., 8 Farbtafeln, kart. **DM 7,80**/S 69.–

Backen, was allen schmeckt
Kuchen, Torten, Gebäck und Brot. (4166) Von E. Blome, 556 S., 40 Farbtafeln, Pappband. **DM 24,80**/S 198.–

Meine Vollkornbackstube
Brot · Kuchen · Aufläufe. (0616) Von R. Raffelt, 96 S., 4 Farbtafeln, 12 Zeichnungen, kart. **DM 6,80**/S 59.–

Biologisch Backen
Neue Rezeptideen für Kuchen, Brote, Kleingebäck aus vollem Korn. (4174) Von M. Bustorf-Hirsch, 136 S., 15 Farbtafeln, 47 Zeichnungen, kart. **DM 14,80**/S 119,–

Selbst Brotbacken
Über 50 erprobte Rezepte. (0370) Von J. Schiermann, 80 S., 6 Zeichnungen, 4 Farbtafeln, kart. **DM 6,80**/S 59.–

Mehr Freude und Erfolg beim
Brotbacken
(4148) Von A. und G. Eckert. 160 S., 177 Farbfotos, Pappband. **DM 24,80**/S 198.–

Brotspezialitäten
knusprig backen – herzhaft kochen. (5088) Von J. W. Hochscheid und L. Helger, 64 S., 48 Farbfotos, Pappband. **DM 14,80**/S 119.–

Weihnachtsbäckerei
Köstliche Plätzchen, Stollen, Honigkuchen und Festtagstorten. (0682) Von M. Sauerborn, 32 S., 36 Farbfotos, Pappband. **DM 7,80**/S 69.–

Waffeln
süß und pikant. (0522) Von C. Stephan, 64 S., 8 Farbtafeln, kart. **DM 6,80**/S 59.–

Kochen für Diabetiker
Gesund und schmackhaft für die ganze Familie. (4132) Von M. Toeller, W. Schumacher, A. C. Groote, 224 S., 109 Farbfotos, 94 Zeichnungen, Pappband. **DM 29,80**/S 239.–

Neue Rezepte für Diabetiker-Diät
Vollwertig – abwechslungsreich – kalorienarm. (0418) Von M. Oehlrich, 120 S., 8 Farbtafeln, kart. **DM 9,80**/S 79.–

Schlemmertips für Figurbewußte
(0680) Von V. Kahn, 64 S., 8 Farbtafeln, kart. **DM 9,80**/S 79.–

Wer schlank ist, lebt gesünder
Tips und Rezepte zum Schlankwerden und -bleiben. (0562) Von R. Mainer, 80 S., 8 Farbtafeln, kart. **DM 8,80**/S 74.–

Kalorien – Joule
Eiweiß · Fett · Kohlenhydrate tabellarisch nach gebräuchlichen Mengen. (0374) Von M. Bormio, 88 S., kart. **DM 6,80**/59.–

Alles mit Joghurt
tagfrisch selbstgemacht. Mit vielen Rezepten. (0382) Von G. Volz, 88 S., 8 Farbtafeln, kart. **DM 7,80**/S 69.–

Die Brot-Diät
Ein Schlankheitsplan ohne Extreme. (0452) Von Prof. Dr. E. Menden und W. Aign, 92 S., 8 Farbtafeln, kart. **DM 7,80**/S 69.–

Gesund leben – schlank werden mit der
Bio-Kur
(0657) Von S. Winter. 144 S., 4 Farbtafeln, kart. **DM 9,80**/S 79,–

Miekes Kräuter- und Gewürzkochbuch
(0323) Von I. Persy und K. Mieke, 96 S., 8 Farbtafeln, kart. **DM 8,80**/S 74.–

Salate
(4119) Von C. Schönherr, 240 S., 115 Farbfotos, gebunden. **DM 48,–**/S 389.–

Delikate Salate
für alle Gelegenheiten rund um's Jahr. (5002) Von E. Fuhrmann, 64 S., 50 Farbfotos, Pappband. **DM 14,80**/S 119.–

Das köstliche knackige Schlemmervergnügen.
Salate
(4165) Von V. Müller. 160 S., 80 Farbfotos, Pappband. **DM 24,80**/S 198,–

111 köstliche Salate
Erprobte Rezepte mit Pfiff. (0222) Von C. Schönherr, 96 S., 8 Farbtafeln, 30 Zeichnungen, kart. **DM 8,80**/S 74.–

Rohkost
Schmackhafte Gerichte für die gesunde Ernährung. (5044) Von I. Gabriel, 64 S., 53 Farbfotos, Pappband. **DM 14,80**/S 119.–

Joghurt, Quark, Käse und Butter
Schmackhaftes aus Milch hausgemacht. (0739) Von M. Bustorf-Hirsch, 32 S., 59 Farbabb., Pappband. **DM 7,80**/S 69,–

Die abwechslungsreiche Vollwertküche
Vitaminreich und naturbelassen kochen und backen. (4229) Von M. Bustorf-Hirsch, K. Siegel, 280 S., 31 Farbtafeln, 78 Zeichnungen, Pappband. **DM 36,–**/S 319,–

Alternativ essen
Die gesunde Sojaküche. (0553) Von U. Kolster, 112 S., 8 Farbtafeln, kart. **DM 9,80**/S 79,–

Das Reformhaus-Kochbuch
Gesunde Ernährung mit hochwertigen Naturprodukten. (4180) Von A. u. G. Eckert, 160 S., 10 Farbtafeln, Pappband. **DM 24,80**/S 198,–

Gesund kochen mit Keimen und Sprossen
(0794) Von M. Bustdorf-Hirsch, 104 S., 8 Farbtafeln, 13 s/w-Zeichnungen, kart. **DM 8,80**/S 74,–

Die feine Vegetarische Küche
(4235) Von F. Faist, 160 S., 191 Farbfotos, Pappband. **DM 24,80**/S 198,–

Biologische Ernährung
für eine natürliche und gesunde Lebensweise. (4125) Von G. Leibold, 136 S., 15 Farbtafeln, 47 Zeichnungen, kart. **DM 14,80**/S 119,–

Gesunde Ernährung für mein Kind
(0776) Von M. Bustdorf-Hirsch, 96 S., 8 Farbtafeln, 5s/w Zeichnungen, kart. **DM 9,80**/S 79,–

Vitaminreich und naturbelassen
Biologisch Kochen
(4162) Von M. Bustdorf-Hirsch und K. Siegel, 144 S., 15 Farbtafeln, 31 Zeichnungen, kart. **DM 14,80**/S 119.–

Gesund kochen
wasserarm · fettfrei · aromatisch. (4060) Von M. Gutta, 240 S., 16 Farbtafeln, Pappband. **DM 14,80**/S 119.–

Kräuter- und Heilpflanzen-Kochbuch
für eine gesunde Lebensweise. (4066) Von P. Pervenche, 143 S., 15 Farbtafeln. kart. **DM 14,80**/S 119.–

Pralinen und Konfekt
Kleine Köstlichkeiten selbstgemacht. (0731) Von H. Engelke, 32 S., 57 Farbfotos, Pappband. **DM 7,80**/S 69,–

Köstlichkeiten für Gäste und Feste
Kalte Platten
(4200) Von I. Pfliegner, 160 S., 130 Farbfotos, Pappband. **DM 24,80**/S 198,–

Kochen für Gäste
Köstliche Menüs mit Liebe zubereitet. (5149) Von R. Wesseler, 64 S., 40 Farbfotos, Pappband. **DM 14,80**/S 119.–

Die Preise entsprechen dem Status beim Druck dieses

Das richtige Frühstück
Gesunde Vollwertkost vitaminreich und naturbelassen.
(0784) Von C. Kratzel und R. Böll, 32 S., 28 Farbfotos, Pappband. **DM 7,80**/S 69.–

Bocuse à la carte
Französisch kochen mit dem Meister.
(4237) Von P. Bocuse, 88 S., 218 Farbfotos, Pappband. **DM 19,80**/S 159,–
Auch als Video-Kassette erhältlich

Kochschule mit Paul Bocuse
(6016/VHS, 6017/Video-2000, 6018 Beta), 60 Min. in Farbe
DM 69,–/S 619,–
(unverb. Preisempfehlung)

Natursammlers Kochbuch
Wildfrüchte und Gemüse, Pilze, Kräuter – finden und zubereiten. (4040) Von C. M. Kerler, 140 S., 12 Farbtafeln, kart. **DM 19,80**/S 159,–

Neue Cocktails und Drinks
mit und ohne Alkohol. (0517) Von S. Späth, 128 S., 4 Farbtafeln, kart., **DM 9,80**/S 79.–

Mixgetränke
mit und ohne Alkohol (5017) Von C. Arius, 64 S., 35 Farbfotos, Pappband.
DM 14,80/S 119.–

Cocktails und Mixereien
für häusliche Feste und Feiern. (0075) Von J. Walker, 96 S., 4 Farbtafeln, kart. **DM 6,80**/S 59.–

Die besten Punsche, Grogs und Bowlen
(0575) Von F. Dingden, 64 S., 2 Farbtafeln, kart. **DM 6,80**/S 59.–

Weine und Säfte, Liköre und Sekt
selbstgemacht. (0702) Von P. Arauner, 232 S., 76 Abb., kart. **DM 16,80**/S 139,–

Mitbringsel aus meiner Küche
selbst gemacht und liebevoll verpackt. (0668) Von C. Schönherr, 32 S., 30 Farbfotos, Pappband. **DM 7,80**/S 69,–

Weinlexikon
Wissenswertes über die Weine der Welt. (4149) Von U. Keller, 228 S., 6 Farbtafeln, 395 s/w-Fotos, Pappband.
DM 29,80/S 239.–

Köstliches Lebenselixier Wein
(2204) Von H. Steffan, 80 S., 74 Farbfotos u. Zeichnungen, Pappband.
DM 9,80/S 85.–

Von der Romantik der blauen Stunde Cocktails und Drinks
(2209) Von S. Späth, 80 S., 25 Farbfotos und Zeichnungen, Pappband.
DM 9,80/S 85.–

Vom Genuß des braunen Goldes Kaffee
(2213) Von H. Strutzmann, 80 S., 49 Fotos, Pappband. **DM 9,80**/S 85,–

Heißgeliebter Tee
Sorten, Rezepte und Geschichten. (4114) Von C. Maronde, 153 S., 16 Farbtafeln, 93 Zeichnungen, gebunden.
DM 26,80/S 218.–

Tee für Genießer.
Sorten · Riten · Rezepte. (0356) Von M. Nicolin, 64 S., 4 Farbtafeln, kart.
DM 5,80/S 49.–

Tee
Herkunft · Mischungen · Rezepte. (0515) Von S. Ruske, 96 S., 4 Farbtafeln, 16 s/w Abbildungen, Pappband.
DM 9,80/S 79.–

Vom höchsten Genuß des Teetrinkens
(2201) Von I. Ubenauf, 80 S., 57 Farbfotos u. Zeichnungen, Pappband.
DM 9,80/S 85.–

Kinder lernen spielend backen
(5110) Von M. Gutta, 64 S., 45 Farbfotos, Pappband. **DM 14,80**/S 119.–

Kinder lernen spielend kochen
Lieblingsgerichte mit viel Spaß selbst zubereitet. (5096) Von M. Gutta, 64 S., 45 Farbfotos, Pappband.
DM 14,80/S 119,–

Hobby

Aquarellmalerei
als Kunst und Hobby.
(4147) Von H. Haack und B. Wersche, 136 S., 62 Farbfotos, 119 Zeichnungen, gebunden **DM 39,–**/S 319,–

Aquarellmalerei
Materialien · Techniken · Motive. (5099) Von Th. Hinz, 64 S., 79 Farbfotos, Pappband. **DM 14,80**/S 119,–

Aquarellmalerei leicht gelernt
Materialien · Techniken · Motive. (0787) Von T. Hinz, R. Braun, B. Zeidler, 32 S., 38 Farbfotos, 1 Zeichnung.
DM 7,80/S 69.–

Origami
Die Kunst des Papierfaltens. (0280) Von R. Harbin, 160 S., 633 Zeichnungen, kart. **DM 9,80**/S 79,–

Hobby Origami
Papierfalten für groß und klein. (0756) Von Z. Aytüre-Scheele, 88 S., über 800 Farbfotos, kart.
DM 19,80/S 159,–

Neue zauberhafte Origami-Ideen
Papierfalten für groß und klein. (0805) Von Z. Aytüre-Scheele, 80 S., 720 Farbfotos, kart. **DM 19,80**/S 159.–

Weihnachtsbasteleien
(0667) Von M. Kühnle und S. Beck, 32 S., 56 Farbfotos, 6 Zeichnungen, Pappband.
DM 7,80/S 69,–

Falken-Handbuch Zeichnen und Malen
(4167) Von B. Bagnall, 336 S., 1154 Farbabb., gebunden. **DM 68,–**/S 549.–

Naive Malerei
Materialien · Motive · Techniken
(5083) Von F. Krettek, 64 S., 76 Farbfotos, Pappband. **DM 14,80**/S 119.–

Bauernmalerei
als Kunst und Hobby. (4057) Von A. Gast und H. Stegmüller, 128 S., 239 Farbfotos, 26 Riß-Zeichnungen, Pappband. **DM 39,–**/S 319,–

Hobby Bauernmalerei
(0436) Von S. Ramos und J. Roszak, 80 S., 116 Farbfotos und 28 Motivvorlagen, kart. **DM 19,80**/S 159,–

Bauernmalerei
Kreatives Hobby nach alter Volkskunst (5039) Von S. Ramos, 64 S., 85 Farbfotos, Pappband. **DM 14,80**/S 119,–

Glasmalerei
als Kunst und Hobby. (4088) Von F. Krettek und B. Beeh-Lustenberger, 132 S., 182 Farbfotos, 38 Motivvorlagen, Pappband. **DM 39,–**/S 319,–

Naive Hinterglasmalerei
Materialien · Techniken · Bildvorlagen (5145) Von F. Krettek, 64 S., 87 Farbfotos, 6 Zeichnungen, Pappband.
DM 16,80/S 139,–

Glasritzen
Materialien · Formen · Motive. (5109) Von G. Mégroz, 64 S., 110 Farbfotos, 15 Zeichnungen, Pappband.
DM 14,80/S 119,–

Kunstvolle Seidenmalerei
Mit zauberhaften Ideen zum Nachgestalten. (0783) Von I. Demharter, 32 S., 56 Farbfotos, Pappband.
DM 7,80/S 74,–

Zauberhafte Seidenmalerei
Materialien · Techniken · Gestaltungsvorschläge. (0664) Von E. Dorn, 32 S., 62 Farbfotos, Pappband.
DM 7,80/S 69,–

Hobby Seidenmalerei
(0611) Von R. Henge, 88 S., 106 Farbfotos, 28 Zeichnungen, kart.
DM 19,80/S 159,–

Hobby Stoffdruck und Stoffmalerei
(0555) Von A. Ursin, 80 S., 68 Farbfotos, 68 Zeichnungen, kart.
DM 19,80/S 159,–

Stoffmalerei und Stoffdruck
Materialien · Techniken · Ideen · Modelle (5074) Von H. Gehring, 64 S., 110 Farbfotos, Pappband. **DM 14,80**/S 119,–

Batik
leicht gemacht. Materialien · Färbetechniken · Gestaltungsideen. (5112) Von A. Gast, 64 S., 105 Farbfotos, Pappband. **DM 14,80**/S 119,–

Textilfärben
Färben so einfach wie Waschen. (0693) Von W. Siegrist, P. Schärli, 32 S., 47 Farbfotos, 3 Zeichnungen, Spiralbindung. **DM 7,80**/S 69,–

Schöne Geschenke selbermachen
(4128) Von M. Kühnle, 128 S., 278 Farbfotos, 85 farbige Zeichnungen, gebunden. **DM 39,–**/S 319,–

Flechten
mit Bast, Stroh und Peddigrohr. (5098) Von H. Hangleiter, 64 S., 47 Farbfotos, 76 Zeichnungen, Pappband.
DM 14,80/S 119,–

Makramee
Knüpfarbeiten leicht gemacht. (5075) Von B. Pröttel, 64 S., 95 Farbfotos, Pappband. **DM 12,80**/S 99,–

Häkeln und Makramee
Techniken · Geräte · Arbeitsmuster. (0320) Von M. Stradal, 104 S., 191 Abb. und Schemata, kart. **DM 6,80**/S 59,–

Falken-Handbuch
Häkeln
ABC der Häkeltechniken und Häkelmuster in ausführlichen Schritt-für-Schritt-Bildfolgen. (4194) Von H. Fuchs, M. Natter, 288 S., 597 Farbfotos, 476 farbige Zeichnungen. **DM 39,–**/S 319,–

Häkeln
Schritt für Schritt für Rechts- und Linkshänder. (5134) Von H. Klaus, 64 S., 120 Farbfotos, 144 Zeichnungen, Pappband. **DM 14,80**/S 119,–

Klöppeln
Schritt für Schritt leicht gelernt. (0788) Von U. Seiffer, 32 S., 42 Farb-, 1 s/w-Foto, 25 Zeichnungen, mit Klöppelbriefen, Pappband. **DM 9,80**/S 79,–

Sticken
Schritt für Schritt für Rechts- und Linkshänder. (5135) Von U. Werner, 64 S., 196 Farbfotos, 96 Zeichnungen, Pappband. **DM 14,80**/S 119,–

Monogrammstickerei
Mit Vorlagen für Initialen, Vignetten und Ornamente. (5148) Von H. Fuchs, 64 S., 50 Farbfotos, 50 Zeichnungen, Pappband. **DM 14,80**/S 119,–

Falken-Handbuch **Stricken**
ABC der Stricktechniken und Strickmuster in ausführlichen Schritt-für-Schritt-Bildfolgen. (4137) Von M. Natter, 312 S., 106 Farb- und 922 s/w-Fotos, 318 Zeichnungen, Pappband. **DM 36,–**/S 298,–

Bestrickend schöne Ideen
Pullover, Westen, Ensembles, Jacken
(4178) Von R. Weber, 208 S., 220 Farbfotos, 358 Zeichnungen, Pappband. **DM 29,80**/S 239,–

Chic in Strick
Neue Pullover
Westen · Jacken · Kleider · Ensembles. (4224) Hrsg. R. Weber, 192 S., 255 Farbabb., Pappband. **DM 29,80**/S 239,–

Videokassette Stricken
(6007/VHS, 6008/Video 2000, 6009/Beta). Von P. Krolikowski-Habicht, H. Jaacks, 51 Min., in Farbe. **DM 49,80**/S 448,– (unverbindl. Preisempf.)

Stricken
Schritt für Schritt für Rechts- und Linkshänder. (5142) Von S. Oelwein-Schefczik, 64 S., 148 Farbfotos, 173 Zeichnungen, Pappband. **DM 14,80**/S 119,–

Kuscheltiere stricken und häkeln
Arbeitsanleitungen und Modelle. (0734) Von B. Wehrle, 32 S., 60 Farbfotos, 28 Zeichnungen, Spiralbindung. **DM 7,80**/S 69,–

Hobby Patchwork und Quilten
(0768) Von B. Staub-Wachsmuth, 80 S., 108 Farbabb., 43 Zeichnungen, kart. **DM 19,80**/S 159,–

Textiles Gestalten
Weben, Knüpfen, Batiken, Sticken, Objekte und Strukturen. (5123) Von J. Fricke, 136 S., 67 Farb- und 189 s/w-Fotos, 15 Zeichnungen, kart. **DM 16,80**/S 139,–

Gestalten mit Glasperlen
fädeln · sticken · weben (0640) Von A. Köhler, 32 S., 55 Farbfotos, Spiralbindung. **DM 6,80**/S 79,–

Neue zauberhafte Salzteig-Ideen
(0719) Von I. Kiskalt, 80. S., 320 Farbfotos, 12 Zeichnungen, kart. **DM 19,80**/S 159,–

Hobby Salzteig
(0662) Von I. Kiskalt, 80 S., 150 Farbfotos, 5 Zeichnungen, Schablonen, kart. **DM 19,80**/S 159,–

Gestalten mit Salzteig
formen · bemalen · lackieren. (0613) Von W.-U. Cropp, 32 S., 56 Farbfotos, 17 Zeichnungen, Pappband. **DM 7,80**/S 69,–

Buntbemalte Kunstwerke aus Salzteig
Figuren, Landschaften und Wandbilder. (5141) Von G. Belli, 64 S., 165 Farbfotos, 1 Zeichnung, Pappband. **DM 14,80**/S 119,–

Kreatives Gestalten mit Salzteig
Originelle Motive für Fortgeschrittene. (0769) Hrsg. I. Kiskalt, 80 S., 168 Farbfotos, kart. **DM 19,80**/S 159,–

Videokassette Salzteig
(6010/VHS, 6011/Video 2000, (6012/Beta) Von I. Kiskalt, Dr. A. Teuchert, in Farbe, ca. 35 Min. **DM 68,–**/S 612,– (Unverb. Preisempfehlung)

Tiffany-Spiegel selbermachen
Materialien · Arbeitsanleitung · Vorlagen. (0761) Von R. Thomas, 32 S., 53 Farbfotos, Pappband. **DM 7,80**/S 69,–

Tiffany-Lampen selbermachen
Arbeitsanleitung · Materialien · Modelle. (0684) Von I. Spliethoff, 32 S., 60 Farbfotos, Pappband. **DM 7,80**/S 69,–

Hobby Glaskunst in Tiffany-Technik
(0781) Von N. Köppel, 80 S., 194 Farbfotos, 6 s/w-Abb., kart. **DM 19,80**/S 159.–

Kerzen und Wachsbilder
gießen · modellieren · bemalen. (5108) Von Ch. Riess, 64 S., 110 Farbfotos, Pappband. **DM 14,80**/S 119,–

Hobby Holzschnitzen
Von der Astholzfigur zur Vollplastik. (5101) Von H.-D. Wilden, 112 S., 16 Farbtafeln, 135 s/w-Fotos, kart. **DM 16,80**/S 139,–

Bastelspaß mit der Laubsäge
Mit Schnittmusterbogen für viele Modelle in Originalgröße. (0741) Von L. Giesche, M. Bausch, 32 S., 61 Farbfotos, 7 Zeichnungen, Schnittmusterbogen, Pappband. **DM 9,80**/S 79,–

Falken-Heimwerker-Praxis
Tapezieren
(0743) Von W. Nitschke, 112 S., 186 Farbfotos, 9 Zeichnungen, kart. **DM 19,80**/S 159,–

Falken-Heimwerker-Praxis
Anstreichen und Lackieren
(0771) Von P. Müller, 120 S., 186 Farbfotos, 2 s/w Fotos, 3 Zeichnungen, kart. **DM 19,80**/S 159,–

Falken-Heimwerker-Praxis
Fahrrad-Reparaturen
(0796) Von R. van der Plas, 112 S., 140 Farbfotos, 113 farbige Zeichnungen, kart. **DM 19,80**/S 159,–

Falken-Handbuch **Heimwerken**
Reparieren und selbermachen in Haus und Wohnung – über 1100 Farbfotos. Sonderteil: Praktisches Energiesparen. (4117) Von Th. Pochert, 440 S., 1103 Farbfotos. 100 ein- und zweifarbige Abb., Pappband. **DM 49,–**/S 398,–

Restaurieren von Möbeln
Stilkunde, Materialien, Techniken, Arbeitsanleitungen in Bildfolgen. (4120) Von E. Schnaus-Lorey, 152 S., 37 Farbfotos, 75 s/w Fotos, 352 Zeichnungen, Pappband. **DM 39,–**/S 319,–

Möbel aufarbeiten, reparieren und pflegen
(0386) Von E. Schnaus-Lorey, 96 S., 28 Fotos, 101 Zeichnungen, kart., **DM 9,80**/S 79,–

Vogelhäuschen, Nistkästen, Vogeltränken mit Plänen und Anleitungen zum Selbstbau. (0695) Von J. Zech, 32 S., 42 Farbfotos, 5 Zeichnungen, Pappband. **DM 7,80**/S 69,–

Papiermachen
ein neues Hobby. (5105) Von R. Weidenmüller, 64 S., 84 Farbfotos, 9 s/w-Fotos, 14 Zeichnungen, Pappband. **DM 16,80**/S 139,–

Schmuck und Objekte aus Metall und Email
(5078) Von J. Fricke, 120 S., 183 Abb., kart. **DM 16,80**/S 139,–

Strohschmuck selbstgebastelt
Sterne, Figuren und andere Dekorationen (0740) Von E. Rombach, 32 S., 60 Farbfotos, 17 Zeichnungen, Pappband. **DM 7,80**/S 69,–

Das Herbarium
Pflanzen sammeln, bestimmen und pressen. (5113) Von I. Gabriel, 96 S., 140 Farbfotos, Pappband. **DM 16,80**/S 139,–

Gestalten mit Naturmaterialien
Zweige, Kerne, Federn, Muscheln und anderes. (5128) Von I. Krohn, 64 S., 101 Farbfotos, 11 farbige Zeichnungen, Pappband. **DM 14,80**/S 119,–

Dauergestecke
mit Zweigen, Trocken- und Schnittblumen. (5121) Von G. Vocke, 64 S., 57 Farbfotos, Pappband. **DM 14,80**/S 119,–

Ikebana
Einführung in die japanische Kunst des Blumensteckens. (0548) Von G. Vocke, 152 S., 47 Farbfotos, kart. **DM 19,80**/S 159,–

Blumengestecke im Ikebanastil
(5041) Von G. Vocke, 64 S., 37 Farbfotos, viele Zeichnungen, Pappband. **DM 14,80**/S 119,–

Hobby Trockenblumen
Gewürzsträuße, Gestecke, Kränze, Buketts. (0643) Von R. Strobel-Schulze, 88 S., 170 Farbfotos, kart. **DM 19,80**/S 159,–

Hobby Gewürzsträuße
und zauberhafte Gebinde nach Salzburger Art. (0726) Von A. Ott, 80 S., 101 Farbfotos, 51 farbige Zeichnungen, kart. **DM 19,80**/S 159,–

Die Preise entsprechen dem Status beim Druck dieses

Freizeit

Trockenblumen und Gewürzsträuße
(5084) Von G. Vocke, 64 S., 63 Farbfotos, Pappband. **DM 12,80**/S 99,–

Arbeiten mit Ton
Töpfern mit und ohne Scheibe. (5048) Von J. Fricke, 128 S., 15 Farbtafeln, 166 s/w-Fotos, kart. **DM 14,80**/S 119,–

Töpfern
als Kunst und Hobby. (4073) Von J. Fricke, 132 S., 37 Farbfotos, 222 s/w-Fotos, gebunden. **DM 39,–**/S 319,–

Schöne Sachen modellieren
Originelles aus Cernit – ideenreich gestaltet. (0762) Von G. Thelen, 32 S., 105 Farbfotos, Pappband. **DM 7,80**/S 69,–

Modellieren
mit selbsthärtendem Material. (5085) Von K. Reinhardt, 64 S., 93 Farbfotos, Pappband. **DM 14,80**/S 119,–

Porzellanpuppen
Zauberhafte alte Puppen selbst nachbilden. (5138) Von C. A. und D. Stanton, 64 S., 58 Farbfotos, 22 Zeichnungen, Pappband. **DM 16,80**/S 139,–

Marionetten
entwerfen · gestalten · führen (5118) Von A. Krause und A. Bayer, 64 S., 83 Farbfotos, 2 s/w-Fotos, 40 Zeichnungen, Pappband. **DM 14,80**/S 119,–

Stoffpuppen
Liebenswerte Modelle selbermachen. (5150) Von I. Wolff, 56 S., 115 Farbfotos, 15 Zeichnungen, mit Schnittmusterbogen, Pappband. **DM 16,80**/S 139,–

Hobby Puppen
Bezaubernde Modelle selbst gestalten. (0742) Von B. Wenzelburger, 88 S., 163 Farbfotos, 41 Zeichnungen, 11 Schnittmuster, kart. **DM 19,80**/S 159,–

Puppen und Figuren aus Kunstporzellan
gießen, bemalen und gestalten. (0735) Von G. Baumgarten, 32 S., 86 Farbfotos, Pappband. **DM 9,80**/S 79,–

Die liebenswerte Welt der **Puppen** (2212) Von U. D. Damrau, 80 S., 60 Farbfotos, Pappband. **DM 9,80**/S 85,–

Selbstgestrickte Puppen
Materialien und Arbeitsanleitungen. (0638) Von B. Wehrle, 32 S., 23 Farbfotos, 24 Zeichnungen, Pappband. **DM 9,80**/S 79,–

Dekorative Rupfenpuppen
Arbeitsanleitungen und Gestaltungsvorschläge. (0733) Von B. Wenzelburger, 32 S., 57 Farbfotos, 14 Zeichnungen, Spiralbindung. **DM 7,80**/S 69,–

Schritt für Schritt zum Scherenschnitt
Materialien · Techniken · Gestaltungsschläge. (0732) Von H. Klingmüller, 32 S., 38 Farbfotos, 34 Vorlagen, Spiralbindung. **DM 7,80**/S 69,–

Garagentore selbst bemalt
Techniken und Motive. (0786) Von H. u. Y. Nadolny, 32 S., 24 Farbfotos, 12 s/w-Zeichnungen, Pappband. **DM 9,80**/S 79,–

Aktfotografie
Interpretationen zu einem unerschöpflichen Thema. Gestaltung · Technik · Spezialeffekte. (0737) Von H. Wedewardt, 88 S., 144 Farb- und 6 s/w-Fotos, 6 Zeichnungen, kart. **DM 19,80**/S 159,–

Videokassette Aktfotografie
Laufzeit ca. 60 Min. In Farbe. VHS (6001), Video 2000 (6002), Beta (6003) **DM 98,–**/S 882,– (unverb. Preisempfehlung)

So macht man bessere Fotos
Das meistverkaufte Fotobuch der Welt. (0614) Von M. L. Taylor, 192 S., 457 Farbfotos, 15 Abb., kart. **DM 14,80**/S 119,–

Falken-Handbuch **Dunkelkammerpraxis**
Laboreinrichtung · Arbeitsabläufe · Fehlerkatalog. (4140) Von E. Pauli, 200 S., 54 Farbfotos, 239 s/w-Fotos, 171 Zeichnungen, Pappband. **DM 39,–**/S 319,–

Falken-Handbuch **Trickfilmen**
Flach-, Sach- und Zeichentrickfilme – von der Idee zur Ausführung. (4131) Von H.-D. Wilden, 144 S., über 430 überwiegend farbige Abb., Pappband. **DM 39,–**/S 319,–

Moderne Schmalfilmpraxis
Ausrüstungen · Drehbuch · Aufnahme Schnitt · Vertonung. (4043) Von U. Ney, 328 S., 29 Farbfotos, 177 s/w-Fotos, 57 Zeichnungen, gebunden. **DM 29,80**/S 239,–

Schmalfilmen
Ausrüstung · Aufnahmepraxis · Schnitt Ton. (0342) Von U. Ney, 108 S., 4 Farbtafeln, 25 s/w-Fotos, kart. **DM 9,80**/S 79,–

Schmalfilme selbst vertonen
(0593) Von U. Ney, 96 S., 57 s/w-Fotos, 14 Zeichnungen, kart. **DM 9,80**/S 79,–

Fotografie – Das Schöne als Ziel
Zur Ästhetik und Psychologie der visuellen Wahrnehmung. (4122) Von E. Stark, 208 S., 252 Farbfotos, 63 Zeichnungen, Ganzleinen. **DM 78,–**/S 624,–

Ferngelenkte Motorflugmodelle
bauen und fliegen. (0400) Von W. Thies, 184 S., mit Zeichnungen und Detailplänen, kart. **DM 16,80**/S 139,–

Modellflug-Lexikon
(0549) Von W. Thies, 280 S., 98 s/w-Fotos, 234 Zeichnungen, Pappband. **DM 36,–**/S 298,–

Flugmodelle
bauen und einfliegen. (0361) Von W. Thies und Willi Rolf, 160 S., 63 Abb., 7 Faltpläne, kart. **DM 12,80**/S 99,–

CB-Code
Wörterbuch und Technik. (0435) Von R. Kerler, 120 S., 5 s/w Fotos, 9 Zeichnungen, kart. **DM 9,80**/S 79,–

Kleine Welt auf Rädern
Das faszinierende Spiel mit **Modelleisenbahnen** (4175) Von F. Eisen, 256 S., 72 Farb- und 180 s/w-Fotos, 25 Zeichnungen, Pappband. **DM 29,80**/S 239,–

Modelleisenbahnen im Freien
Mit Volldampf durch den Garten. (4245) Von F. Eisen, 96 S., 115 Farb-, 4 s/w-Fotos, 5 Zeichnungen, Pappband. **DM 29,80**/S 239,–

Raketen auf Rädern
Autos und Motorräder an der Schallgrenze. (4220) Von H. G. Isenberg, 96 S., 112 Farbfotos, 21 s/w-Fotos, Pappband. **DM 24,80**/S 198,–

Die rasantesten Rallyes der Welt
(4213) Von H. G. Isenberg und D. Maxeiner, 96 S., 116 Farbfotos, Pappband. **DM 24,80**/S 198,–

Trucks
Giganten der Landstraßen in aller Welt. (4222) Von H. G. Isenberg, 96 S., 131 Farbfotos, Pappband. **DM 24,80**/S 198,–

Ferngelenkte Elektromodelle
bauen und fliegen. (0700) Von W. Thies, 144 S., 52 s/w-Fotos, 50 Zeichnungen, kart. **DM 16,80**/139,–

Schiffsmodelle
selber bauen. (0500) Von D. und R. Lochner, 200 S., 93 Zeichnungen, 2 Faltpläne, kart. **DM 14,80**/S 119,–

Dampflokomotiven
(4204) Von W. Jopp, 96 S., 134 Farbfotos, Pappband. **DM 24,80**/S 198,–

Zivilflugzeuge
Vom Kleinflugzeug zum Überschall-Jet. (4218) Von R. J. Höhn und H. G. Isenberg, 96 S., 115 Farbfotos, Pappband. **DM 24,80**/S 198,–

Ferngelenkte Segelflugmodelle
bauen und fliegen. (0446) Von W. Thies, 176 S., 22 s/w-Fotos, 115 Zeichnungen, kart. **DM 14,80**/S 119,–

Die schnellsten Motorräder der Welt
(4206) Von H. G. Isenberg und D. Maxeiner, 96 S., 100 Farbfotos, Pappband. **DM 24,80**/S 198,–

Motorrad-Hits
Chopper, Tribikes, Heiße Öfen. (4221) Von H. G. Isenberg, 96 S., 119 Farbfotos, Pappband. **DM 24,80**/S 198,–

Die Super-Motorräder der Welt
(4193) Von H. G. Isenberg, 192 S., 170 Farb- und 100 s/w-Fotos, 8 Zeichnungen, Pappband. **DM 39,–**/S 319,–

Motorrad-Faszination
Heiße Öfen, von denen jeder träumt. (4223) Von H. G. Isenberg, 96 S., 103 Farb- und 20 s/w-Fotos, Pappband. **DM 24,80**/S 198,–

Autos, die die Welt bewegten **Oldtimer**
(2217) Von H. G. Isenberg, 80 S., 32 Farb- und 22 s/w-Fotos, Pappband. **DM 9,80**/S 85,–

Münzen
Ein Brevier für Sammler. (0353) Von E. Dehnke, 128 S., 4 Farbtafeln, 17 s/w-Abb., kart. **DM 9,80**/S 79.–

Astronomie als Hobby
Sternbilder und Planeten erkennen und benennen. (0572) Von D. Block, 176 S., 16 Farbtafeln, 49 s/w-Fotos, 93 Zeichnungen, kart. **DM 14.80**/S 119.–

Der Bart
Die individuelle Note des Mannes. (2222) Von H. Strutzmann, 80 S., 58 Farbfotos, Pappband. **DM 9,80**/S 85.–

Gitarre spielen
Ein Grundkurs für den Selbstunterricht. (0534) Von A. Roßmann, 96 S., 1 Schallfolie, 150 Zeichnungen, kart. **DM 24,80**/S 198.–

Falken-Handbuch **Zaubern**
Über 400 verblüffende Tricks. (4063) Von F. Stutz, 368 S., 1200 Zeichnungen, Pappband. **DM 36,–**/S 298.–

Zaubern
einfach – aber verblüffend. (2018) Von D. Buoch, 84 S., 41 Zeichnungen, kart. **DM 6,80**/S 59.–

Zaubertricks
Das große Buch der Magie. (0282) Von J. Zmeck, 244 S., 113 Abb., kart. **DM 14,80**/S 119.–

Magische Zaubereien
(0672) Von W. Widenmann, 64 S., 31 Zeichnungen, kart. **DM 7,80**/S 69.–

Pfeife rauchen
Die hohe Kunst, Tabak zu genießen. (2203) Von W. Hufnagel, 80 S., 77 Farbfotos, 4 s/w-Fotos, 11 Zeichnungen, Pappband. **DM 9,80**/S 85.–

Mit vollem Genuß **Pfeife rauchen**
Alles über Tabaksorten, Pfeifen und Zubehör. (4227) Von H. Behrens, H. Frickert, 168 S., 127 Farbfotos, 18 Zeichnungen, Pappband. **DM 39,–**/S 319.–

Mineralien, Steine und Fossilien
Grundkenntnisse für Hobby-Sammler. (0437) Von D. Stobbe, 96 S., 16 Farbtafeln, 14 s/w-Fotos, 10 Zeichnungen, kart. **DM 9,80**/S 79.–

Vom verführerischen Feuer der Edelsteine
(2221) Von H. A. Mehler, R. Klotz, 80 S., 46 Farbfotos, Pappband. **DM 9,80**/S 85.–

Freizeit mit dem Mikroskop
(0291) Von M. Deckart, 132 S., 8 Farbtafeln, 64 s/w-Abb., 2 Zeichnungen, kart. **DM 9,80**/S 79.–

Briefmarken
sammeln für Anfänger. (0481) Von D. Stein, 120 S., 4 Farbtafeln, 98 s/w-Abb., kart. **DM 9,80**/S 79.–

Wir lernen tanzen
Standard- und lateinamerikanische Tänze. (0200) Von E. Fern, 168 S., 118 s/w-Fotos, 47 Zeichnungen, kart. **DM 9,80**/S 79.–

Tanzstunde
Das Welttanzprogramm · Party-Tanzstunde. (5018) Von G. Hädrich, 172 S., 443 s/w-Fotos, 140 Zeichnungen, Pappband. **DM 19.80**/S 159.–

So tanzt man Rock'n'Roll
Grundschritte · Figuren · Akrobatik. (0573) Von W. Steuer und G. Marz, 224 S., 303 Abb., kart. **DM 16,80**/S 139.–

Disco-Tänze
(0491) Von B. und F. Weber, 104 S., 104 Abb., kart. **DM 6,80**/S 59.–

Tanzen überall
Discofox, Rock'n'Roll, Blues, Langsamer Walzer, Cha-Cha-Cha zum Selberlernen. (0760) Von H. M. Pritzer, 128 S., 128 Farbfotos, kart. **DM 19,80**/S 159.–

Videokassette **Tanzen überall**
Discofox, Rock'n'Roll, Blues. (6004/VHS, 6005/Video 2000, 6006/Beta) Von H. M. Pritzer, G. Steinheimer, in Farbe, ca. 45 Min. **DM 98,–**/S 882.– (unverb. Preisempfehlung)

Wir wandern, wir wandern…
Romantisches Deutschland
(4168) Hrsg. H. Bücken, 160 S., durchgehend 4-farbig, über 350 Fotos, Pappband. **DM 29,80**/S 239.–

Unser schönes Deutschland neu gesehen
(4199) Hrsg. U. Moll, 208 S., 800 Farbfotos, Pappband. **DM 29,80**/S 239.–

Schwarzwald-Romantik
Vom Zauber einer deutschen Landschaft. (4232) Hrsg. A. Rolf, 184 S., 273 Farbfotos, Pappband. **DM 29,80**/S 239.–

Sport

Judo
Grundlagen des Stand- und Bodenkampfes. (4013) Von W. Hofmann, 244 S., 589 Fotos, Pappband. **DM 29,80**/S 239.–

Neue Lehrmethoden der Judo-Praxis
(0424) Von P. Herrmann, 223 S., 475 Abb., kart. **DM 16,80**/S 139.–

Judo
Grundlagen – Methodik. (0305) Von M. Ohgo, 208 S., 1025 Fotos, kart. **DM 14,80**/S 119.–

Wir machen Judo
(5069) Von R. Bonfranchi und U. Klocke, 92 S., mit Bewegungsabläufen in cartoonartigen zweifarbigen Zeichnungen, kart. **DM 12,80**/S 99.–

Fußwürfe
für Judo, Karate und Selbstverteidigung. (0439) Von H. Nishioka, 96 S., 260 Abb., kart. **DM 9,80**/S 79.–

Karate für alle
Karate-Selbstverteidigung in Bildern. (0314) Von A. Pflüger, 112 S., 356 s/w-Fotos, kart. **DM 9,80**/S 79.–

Karate für Frauen und Mädchen
Sport und Selbstverteidigung. (0425) Von A. Pflüger, 168 S., 259 s/w-Fotos, kart. **DM 12,80**/S 99.–

Nakayamas Karate perfekt 1
Einführung. (0487) Von M. Nakayama, 136 S., 605 s/w-Fotos, kart. **DM 19,80**/S 159.–

Nakayamas Karate perfekt 2
Grundtechniken. (0512) Von M. Nakayama, 136 S., 354 s/w-Fotos, 53 Zeichnungen, kart. **DM 19,80**/S 159.–

Nakayamas Karate perfekt 3
Kumite 1: Kampfübungen. (0538) Von M. Nakayama, 128 S., 424 s/w-Fotos, kart. **DM 19,80**/S 159.–

Nakayamas Karate perfekt 4
Kumite 2: Kampfübungen. (0547) Von M. Nakayama, 128 S., 394 s/w-Fotos, kart. **DM 19,80**/S 159.–

Nakayamas Karate perfekt 5
Kata 1: Heian, Tekki. (0571) Von M. Nakayama, 144 S., 1229 s/w-Fotos, kart. **DM 19,80**/S 159.–

Nakayamas Karate perfekt 6
Kata 2: Bassai-Dai, Kanku-Dai. (0600) Von M. Nakayama, 144 S., 1300 s/w-Fotos, 107 Zeichnungen, kart. **DM 19,80**/S 159.–

Nakayamas Karate perfekt 7
Kata 3: Jitte, Hangetsu, Empi. (0618) Von M. Nakayama, 144 S., 1988 s/w-Fotos, 105 Zeichnungen, kart. **DM 19,80**/S 159.–

Nakayamas Karate perfekt 8
Gankaku, Jion. (0650) Von M. Nakayama, 144 S., 1174 s/w-Fotos, 99 Zeichnungen, kart. **DM 19,80**/S 159.–

Kontakt-Karate
Ausrüstung · Technik · Training. (0396) Von A. Pflüger, 112 S., 238 s/w-Fotos, kart. **DM 14,80**/S 119.–

Karate-Do
Das Handbuch des modernen Karate. (4028) Von A. Pflüger, 360 S., 1159 Abb., Pappband. **DM 39,–**/S 319.–

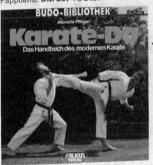

Bo-Karate
Kukishin-Ryu – die Techniken des Stockkampfes. ((0447) Von G. Stiebler, 176 S., 424 s/w-Fotos, 38 Zeichnungen, kart. **DM 16,80**/S 139.–

Karate I
Einführung · Grundtechniken. (0227) Von A. Pflüger, 148 S., 195 s/w-Fotos und 120 Zeichnungen, kart. **DM 9,80**/S 79.–

Karate II
Kombinationstechniken · Katas. (0239) Von A. Pflüger, 176 S., 452 s/w-Fotos und 128 Zeichnungen, kart. **DM 9,80**/S 79.–

Karate Kata 1
Heian 1-5, Tekki 1, Bassai Dai. (0683) Von W.-D. Wichmann, 164 S., 703 s/w-Fotos, kart. **DM 19,80**/S 159.–

Karate Kata 2
Jion, Engi, Kanku-Dai, Hangetsu. (0723) Von W.-D. Wichmann, 140 S., 661 s/w Fotos, 4 Zeichnungen, kart. **DM 19,80**/S 159.–

Ninja 1
Die Lehre der Schattenkämpfer. (0758) Von S. K. Hayes, 144 S., 137 s/w-Fotos, kart. **DM 16,80**/S 139.–

Die Preise entsprechen dem Status beim Druck dieses

Ninja 2
Die Wege zum Shoshin (0763) Von S. K. Hayes 160 S., 309 s/w-Fotos, kart. **DM 16,80**/S 139,–

Ninja 3
Der Pfad des Togakure-Kämpfers. (0764) Von S. K. Hayes, 144 S., 197 s/w Fotos, 2 Zeichnungen, kart. **DM 16,80**/S 139,–

Ninja 4
Das Vermächtnis der Schattenkämpfer. (0807) Von S. K. Hayes, 196 S., 466 s/w Fotos, kart. **DM 16,80**/S 139,–

Der König des Kung-Fu
Bruce Lee
Sein Leben und Kampf. (0392) Von seiner Frau Linda. 136 S., 104 s/w-Fotos, kart. **DM 19,80**/S 159,–

Bruce Lees Kampfstil 1
Grundtechniken. (0473) Von B. Lee und M. Uyehara, 109 S., 220 Abb., kart. **DM 9,80**/S 79,–

Bruce Lees Kampfstil 2
Selbstverteidigungs-Techniken. (0486) Von B. Lee und M. Uyehara, 128 S., 310 Abb., kart. **DM 9,80**/S 79,–

Bruce Lees Kampfstil 3
Trainingslehre. (0503) Von B. Lee und M. Uyehara, 112 S., 246 Abb., kart. **DM 9,80**/S 79,–

Bruce Lees Kampfstil 4
Kampftechniken. (0523) Von B. Lee und M. Uyehara. 104 S., 211 Abb., kart. **DM 9,80**/S 79,–

Bruce Lees Jeet Kune Do
(0440) Von B. Lee, übersetzt von H.-J. Hesse, 192 S., mit 105 eigenhändigen Zeichnungen von B. Lee, kart. **DM 19,80**/S 159,–

Ju-Jutsu 1
Grundtechniken – Moderne Selbstverteidigung. (0276) Von W. Heim und F. J. Gresch, 160 S., 460 s/w-Fotos, 8 Zeichnungen, kart. **DM 9,80**/S 79,–

Ju-Jutsu 2
für Fortgeschrittene und Meister. (0378) Von W. Heim und F. J. Gresch, 164 S., 798 s/w-Fotos, kart. **DM 19,80**/S 159,–

Ju-Jutsu 3
Spezial-, Gegen- und Weiterführungs-Techniken. (0485) Von W. Heim und F. J. Gresch, 214 S., über 600 s/w-Fotos, kart. **DM 19,80**/S 159,–

Nunchaku
Waffe · Sport · Selbstverteidigung. (0373) Von A. Pflüger, 142 S., 247 Abb., kart. **DM 16,80**/S 139,–

Shuriken · Tonfa · Sai
Stockfechten und andere bewaffnete Kampfsportarten aus Fernost. (0397) Von A. Schulz, 96 S., 253 Abb., kart. **DM 12,80**/S 99,–

Illustriertes Handbuch des Taekwon-Do
Koreanische Kampfkunst und Selbstverteidigung. (4053) Von K. Gil, 248 S., 1026 Abb., Pappband. **DM 29,80**/S 239,–

Taekwon-Do
Koreanischer Kampfsport. (0347) Von K. Gil, 152 S., 408 Abb., kart. **DM 12,80**/S 99,–

Aikido
Lehren und Techniken des harmonischen Weges. (0537) Von R. Brand, 280 S., 697 Abb., kart. **DM 19,80**/S 159,–

Kung-Fu und Tai-Chi
Grundlagen und Bewegungsabläufe. (0367) Von B. Tegner, 182 S., 370 s/w-Fotos, kart. **DM 14,80**/S 119,–

Kung-Fu
Theorie und Praxis klassischer und moderner Stile. (0376) Von M. Pabst, 160 S., 330 Abb., kart. **DM 12,80**/S 99,–

Shaolin-Kempo – Kung-Fu
Chinesisches Karate im Drachenstil. (0395) Von R. Czerni und K. Konrad. 246 S., 723 Abbildungen, kart. **DM 19,80**/S 159,–

Hap Ki Do
Grundlagen und Techniken koreanischer Selbstverteidigung. (0379) Von Kim Sou Bong, 112 S., 153 Abb., kart. **DM 14,80**/S 119,–

Dynamische Tritte
Grundlagen für den Zweikampf. (0438) Von C. Lee, 96 S., 398 s/w-Fotos, 10 Zeichnungen, kart. **DM 9,80**/S 79,–

Kickboxen
Fitneßtraining und Wettkampfsport. (0795) Von G. Lemmens, 96 S., 208 s/w Fotos, 23 Zeichnungen, kart. **DM 16,80**/S 139,–

Muskeltraining mit Hanteln
Leistungssteigerung für Sport und Fitness. (0676) Von H. Schulz, 108 S., 92 s/w-Fotos, 2 Zeichnungen, kart. **DM 9,80**/S 79,–

Leistungsfähiger durch Krafttraining
Eine Anleitung für Fitness-Sportler, Trainer und Athleten (0617) Von W. Kieser, 100 S., 20 s/w-Fotos, 62 Zeichnungen, kart. **DM 9,80**/S 79,–

Bodybuilding
Anleitung zum Muskel- und Konditionstraining für sie und ihn. (0604) Von R. Smolana. 160 S., 171 s/w-Fotos, kart. **DM 9,80**/S 79,–

Hanteltraining zu Hause
(0800) Von W. Kieser, 80 S., 71 s/w Fotos, 4 Zeichnungen, kart. **DM 9,80**/S 79,–

Fit und gesund
Körpertraining und Bodybuilding zu Hause. (0782) Von H. Schulz, 80 S., 100 Farbfotos, 3 Zeichnungen, kart. **DM 14,80**/S 119,–

Fit und gesund
Video-Kassette:
VHS (6013), Video 2000 (6014), Beta (6015), Laufzeit 30 Minuten, in Farbe. **DM 49,80**/ S 448,– (unverb. Preisempf.)
Package (Buch und Kassette)

Fit und gesund
(6019/VHS, 6020/Video 2000, 6021/Beta). Von H. Schulz, **DM 65,–**/S 585,– (unverbindl. Preisempf.)

Bodybuilding für Frauen
Wege zu Ihrer Idealfigur (0661) Von H. Schulz, 140 S., 84 s/w-Fotos, 2 Zeichnungen, großes farbiges Übungsposter, kart. **DM 14,80**/S 119,–

Isometrisches Training
Übungen für Muskelkraft und Entspannung. (0529) Von L. M. Kirsch, 140 S., 162 s/w-Fotos, kart. **DM 9,80**/S 79,–

Spaß am Laufen
Jogging für die Gesundheit. (0470) Von W. Sonntag, 140 S., 41 s/w-Fotos, 1 Zeichnung, kart. **DM 9,80**/S 79,–

Mein bester Freund, der Fußball
(5107) Von D. Brüggemann und D. Albrecht, 144 S., 171 Abb., kart. **DM 16,80**/S 139,–

Fußball
Training und Wettkampf. (0448) Von H. Obermann und P. Walz, 166 S., 92 s/w-Fotos, 15 Zeichnungen, 29 Diagramme, kart. **DM 12,80**/S 99,–

Handball
Technik · Taktik · Regeln. (0426) Von F. und P. Hattig, 128 S., 91 s/w-Fotos, 121 Zeichnungen, kart. **DM 14,80**/S 119,–

Volleyball
Technik · Taktik · Regeln. (0351) Von H. Huhle, 104 S., 330 Abb., kart. **DM 9,80**/S 79,–

Basketball
Technik und Übungen für Schule und Verein. (0279) Von C. Kyriasoglou, 116 S., mit 252 Übungen zur Basketballtechnik, 186 s/w-Fotos und 164 Zeichnungen, kart. **DM 12,80**/S 99,–

Hockey
Technische und taktische Grundlagen. (0398) Von H. Wein, 152 S., 60 s/w-Fotos, 30 Zeichnungen, kart. **DM 16,80**/S 139,–

Eishockey
Lauf- und Stocktechnik, Körperspiel, Taktik, Ausrüstung und Regeln, (0414) Von J. Čapla, 264 S., 548 s/w-Fotos, 163 Zeichnungen, kart. **DM 19,80**/S 159,–

Badminton
Technik · Taktik · Training. (0699) Von K. Fuchs, L. Sologub, 168 S., 51 Abb., kart., **DM 16,80**/S 139,–

Golf
Ausrüstung · Technik · Regeln. (0343) Von J. C. Jessop, übersetzt von H. Biemer, mit einem Vorwort von H. Krings, Präsident des Deutschen Golf-Verbandes, 160 S., 65 Abb., Anhang Golfregeln des DGV, kart. **DM 16,80**/S 139,–

Pool-Billard
(0484) Herausgegeben vom Deutschen Pool-Billard-Bund, von M. Bach und K.-W. Kahlen, 88 S., mit über 80 Abb., kart. **DM 7,80**/S 69,–

Sportschießen
für jedermann. (0502) Von A. Kovacic, 124 S., 116 s/w-Fotos, kart. **DM 14,80**/S 119,–

Fechten
Florett · Degen · Säbel. (0449) Von E. Beck, 88 S., 219 Fotos und Zeichnungen, kart. **DM 11,80**/S 94,–

Reiten
Dressur · Springen · Gelände. (0415) Von U. Richter, 168 S., 235 Abb., kart. **DM 12,80**/S 99,–

Fibel für Kegelfreunde
Sport- und Freizeitkegeln · Bowling. (0191) Von G. Bocsai, 72 S., 62 Abb., kart. **DM 5,80**/S 49,–

Beliebte und neue Kegelspiele
(0271) Von G. Bocsai, 92 S., 62 Abb., kart. **DM 5,80**/S 49,–

111 spannende Kegelspiele
(2031) Von H. Regulski, 88 S., 53 Zeichnungen, kart. **DM 7,80**/S 69,–

Ski-Gymnastik
Fit für Piste und Loipe. (0450) Von H. Pilss-Samek, 104 S., 67 s/w-Fotos, 20 Zeichnungen, kart. **DM 6,80**/S 59,–

Die neue Skischule
Ausrüstung · Technik · Trickskilauf · Gymnastik. (0369) Von C. und R. Kerler, 128 S., 100 Abb., kart. **DM 9,80**/S 79,–

Skilanglauf, Skiwandern
Ausrüstung · Techniken · Skigymnastik. (5129) Von T. Reiter und R. Kerler, 80 S., 8 Farbtafeln, 85 Zeichnungen und s/w-Fotos, kart. **DM 14,80**/S 119,–

Verzeichnisses (s. Seite 1) – Änderungen, im besonderen der Preise, vorbehalten –

Alpiner Skisport
Ausrüstung · Techniken · Skigymnastik (5130) Von K. Meßmann, 128 S., 8 Farbtafeln, 93 s/w-Fotos, 45 Zeichnungen, kart. **DM 14,80**/S 119.–

Die neue Tennis-Praxis
Der individuelle Weg zu erfolgreichem Spiel. (4097) Von R. Schönborn, 202 Farbzeichnungen, 31 s/w-Abb., Pappband. **DM 39,**–/S 319.–

Erfolgreiche Tennis-Taktik
(4086) Von R. Ford Greene, übersetzt von M. R. Fischer, 182 S., 87 Abb., kart. **DM 19,80**/S 159.–

Moderne Tennistechnik
(4187) Von G. Lam, 192 S., 339 s/w Fotos, 91 Zeichnungen, kart. **DM 24,80**/S 198.–

Tennis kompakt
Der erfolgreiche Weg zu Spiel, Satz und Sieg. (5116) Von W. Taferner, 128 S., 82 s/w-Fotos, 67 Zeichnungen, kart. **DM 14,80**/S 119.–

Tennis
Technik · Taktik · Regeln. (0375) Von H. Elschenbroich, 112 S., 81 Abb., kart. **DM 6,80**/S 59.–

Tischtennis-Technik
Der individuelle Weg zu erfolgreichem Spiel. (0775) Von M. Perger, 144 S., 296 Abb. kart. **DM 16,80**/S 139,–

Squash
Ausrüstung · Technik · Regeln. (0539) Von D. von Horn und H.-D. Stünitz, 96 S., 55 s/w-Fotos, 25 Zeichnungen, kart. **DM 8,80**/S 74.–

Sporttauchen
Theorie und Praxis des Gerätetauchens. (0647) Von S. Müßig, 144 S., 8 Farbtafeln, 35 s/w-Fotos, 89 Zeichnungen, kart., **DM 14,80**/S 119.–

Windsurfing
Lehrbuch für Grundschein und Praxis. (5028) Von C. Schmidt, 64 S., 60 Farbfotos, Pappband. **DM 12,80**/S 99.–

Segeln
Der neue Grundschein – Vorstufe zum A-Schein – Mit Prüfungsfragen. (5147) Von C. Schmidt, 80 S., 8 Farbtafeln, 18 Farbfotos, 82 Zeichnungen, kart. **DM 14,80**/S 119.–

Sportfischen
Fische – Geräte – Technik. (0324) Von H. Oppel, 144 S., 49 s/w-Fotos, 8 Farbtafeln, kart. **DM 9,80**/S 79.–

Falken-Handbuch Angeln
in Binnengewässern und im Meer. (4090) Von H. Oppel, 344 S., 24 Farbtafeln, 66 s/w-Fotos, 151 Zeichnungen, gebunden. **DM 39,**–/S 319.–

Angeln
Kleine Fibel für den Sportfischer. (0198) Von E. Bondick, 96 S., 116 Abb., kart. **DM 8,80**/S 74.–

Die Erben Lilienthals Sportfliegen heute
(4054) Von G. Brinkmann, 240 S., 32 Farbtafeln, 176 s/w-Fotos, 33 Zeichnungen, gebunden. **DM 39,**–/S 319.–

Einführung in das Schachspiel
(0104) Von W. Wollenschläger und K. Colditz, 92 S., 116 Diagramme, kart. **DM 6,80**/S 59.–

Schach mit dem Computer
(0747) Von D. Frickenschmidt, 140 S., 112 Diagramme, 29 s/w-Fotos, 5 Zeichnungen, kart. **DM 16,80**/S 139,–

Spielend Schach lernen
(2002) Von T. Schuster, 128 S., kart. **DM 6,80**/S 59.–

Kinder- und Jugendschach
Offizielles Lehrbuch des Deutschen Schachbundes zur Erringung der Bauern-, Turm- und Königsdiplome. (0561) Von B. J. Withuis und H. Pfleger, 144 S., 220 Zeichnungen u. Diagramme, kart. **DM 12,80**/S 99.–

Neue Schacheröffnungen
(0478) Von T. Schuster, 108 S., 100 Diagramme, kart. **DM 8,80**/S 74.–

Schach für Fortgeschrittene
Taktik und Probleme des Schachspiels. (0219) Von R. Teschner, 96 S., 85 Diagramme, kart. **DM 5,80**/S 49.–

Taktische Schachendspiele
(0752) Von J. Nunn, 200 S., 151 Diagramme, kart. **DM 16,80**/S 139,–

Schach-WM '85 Karpow – Kasparow.
Mit ausführlichen Kommentaren zu allen Partien. (0785) Von H. Pfleger, O. Borik, M. Kipp-Thomas, 128 S., zahlreiche Abb. und Diagramme, kart. **DM 14,80**/S 119,–

Schachstrategie
Ein Intensivkurs mit Übungen und ausführlichen Lösungen. (0584) Von A. Koblenz, 10. Bearb. von K. Colditz, 212 S., 240 Diagramme, kart. **DM 16,80**/S 139,–

Falken-Handbuch Schach
(4051) Von T. Schuster, 360 S., über 340 Diagramme, gebunden. **DM 36,**–/S 298.–

Die besten Partien deutscher Schachgroßmeister
(4121) Von H. Pfleger, 192 S., 29 s/w-Fotos, 89 Diagramme, Pappband. **DM 29,80**/S 239.–

Turnier der Schachgroßmeister '83
Karpow · Hort · Browne · Miles · Chandler · Garcia · Rogers · Kindermann. (0718) Von H. Pfleger, E. Kurz, 176 S., 29 s/w-Fotos, 71 Diagramme, kart. **DM 16,80**/S 139,–

Lehr-, Übungs- und Testbuch der Schachkombinationen
(0649) Von K. Colditz, 184 S., 227 Diagramme, kart. **DM 14,80**/S 119.–

Zug um Zug Schach für jedermann 1
Offizielles Lehrbuch des Deutschen Schachbundes zur Erringung des Bauerndiploms. (0648) Von H. Pfleger und E. Kurz, 80 S., 24 s/w-Fotos, 8 Zeichnungen, 60 Diagramme, kart. **DM 6,80**/S 59.–

Zug um Zug Schach für jedermann 2
Offizielles Lehrbuch des Deutschen Schachbundes zur Erringung des Turmdiploms. (0659) Von H. Pfleger und E. Kurz, 132 S., 8 s/w-Fotos, 14 Zeichnungen, 78 Diagramme, kart. **DM 9,80**/S 79.–

Zug um Zug Schach für jedermann 3
Offizielles Lehrbuch des Deutschen Schachbundes zur Erringung des Königsdiploms. (0728) Von H. Pfleger, G. Treppner, 128 S., 4 s/w-Fotos, 84 Diagramme, 10 Zeichnungen, kart. **DM 9,80**/S 79.–

Schachtraining mit den Großmeistern
(0670) Von H. Bouwmeester, 128 S., 90 Diagramme, kart. **DM 14,80**/S 119.–

Schach als Kampf
Meine Spiele und mein Weg. (0729) Von G. Kasparow, 144 S., 95 Diagramme, 9 s/w-Fotos, kart. **DM 14,80**/S 119.–

Spiele, Denksport, Unterhaltung

Kartenspiele
(2001) Von C. D. Grupp, 144 S., kart. **DM 9,80**/S 79.–

Neues Buch der siebzehn und vier Kartenspiele
(0095) Von K. Lichtwitz, 96 S., kart. **DM 6,80**/S 59.–

Alles über Pokern
Regeln und Tricks. (2024) Von C. D. Grupp, 120 S., 29 Kartenbilder, kart. **DM 8,80**/S 74.–

Rommé und Canasta
in allen Variationen. (2025) Von C. D. Grupp, 124 S., 24 Zeichnungen, kart., **DM 9,80**/S 79.–

Schafkopf, Doppelkopf, Binokel, Cego, Gaigel, Jaß, Tarock und andere „Lokalspiele".
(2015) Von C. D. Grupp, 152 S., kart. **DM 12,80**/S 99.–

Spielend Skat lernen
unter freundlicher Mitarbeit des deutschen Skatverbandes. (2005) Von Th. Krüger, 156 S., 181 s/w-Fotos, 22 Zeichnungen, kart. **DM 9,80**/S 79,–

Das Skatspiel
Eine Fibel für Anfänger. (0206) Von K. Lehnhoff, überarb. von P. A. Höfges, 96 S., kart. **DM 6,80**/S 59.–

Black Jack
Regeln und Strategien des Kasinospiels. (2032) Von K. Kelbratowski, 88 S., kart. **DM 9,80**/S 79,–

Falken-Handbuch Patiencen
Die 111 interessantesten Auslagen. (4151) Von U. v. Lyncker, 216 S., 108 Abbildungen, Pappband. **DM 29,80**/S 239.–

Patiencen
in Wort und Bild. (2003) Von I. Wolter, 136 S., kart. **DM 7,80**/S 69.–

Falken-Handbuch Bridge
Von den Grundregeln zum Turnierspiel. (4092) Von W. Voigt und K. Ritz, 276 S., 792 Zeichnungen, gebunden. **DM 39,**-/S 319.–

Spielend Bridge lernen
(2012) Von J. Weiss, 108 S., 58 Zeichnungen, kart. **DM 7,80**/S 69.–

Spieltechnik im Bridge
(2004) Von V. Mollo und N. Gardener, deutsche Adaption von D. Schröder, 216 S., kart. **DM 16,80**/S 139,–

Besser Bridge spielen
Reiztechnik, Spielverlauf und Gegenspiel. (2026) Von J. Weiss, 144 S., 60 Diagrammen, kart. **DM 14,80**/S 119.–

Herausforderung im Bridge
200 Aufgaben mit Lösungen. (2033) Von V. Mollo, 152 S., kart. **DM 19,80**/S 159.–

Kartentricks
(2010) Von T. A. Rosee, 80 S., 13 Zeichnungen, kart. **DM 6,80**/S 59.–

Mah-Jongg
Das chinesische Glücks-, Kombinations- und Gesellschaftsspiel. (2030) Von U. Eschenbach, 80 S., 30 s/w-Fotos, 5 Zeichnungen, kart. **DM 9,80**/S 79.–

Neue Kartentricks
(2027) Von K. Pankow, 104 S., 20 Abb., kart. **DM 7,80**/S 69,–

Backgammon
für Anfänger und Könner. (2008) Von G. W. Fink und G. Fuchs, 116 S., 41 Abb., kart. **DM 9,80**/S 79.–

Würfelspiele
für jung und alt. (2007) Von F. Pruss,
112 S., 21 s/w-Zeichnungen, kart.
DM 7,80/S 69.–

Gesellschaftsspiele
für drinnen und draußen. (2006) Von
H. Görz, 128 S., kart. DM 6,80/S 59.–

Spiele für Party und Familie
(2014) Von Rudi Carrell, 160 S., 50 Abb.,
kart. DM 9,80/S 79.–

Dame
Das Brettspiel in allen Variationen.
(2028) Von C. D. Grupp, 104 S.,
122 Diagramme, kart. DM 9,80/S 79.–

Das japanische Brettspiel Go
(2020) Von W. Dörholt, 104 S., 182 Diagramme, kart. DM 9,80/S 79.–

Roulette richtig gespielt
Systemspiele, die Vermögen brachten.
(0121) Von M. Jung, 96 S., zahlreiche
Tabellen, kart. DM 7,80/S 69.–

**So gewinnt man gegen
Video- und Computerspiele**
(0644) Von C. Kerler, 160 S., 25 Zeichnungen, 30 s/w-Fotos, kart.
DM 6,80/S 59.–

Denksport und Schnickschnack
für Tüftler und fixe Köpfe. (0362) Von
J. Barto, 100 S., 45 Abb., kart.
DM 6,80/S 59.–

Rätselspiele, Quiz- und Scherzfragen
für gesellige Stunden. (0577) Von K.-H.
Schneider, 168 S., über 100 Zeichnungen,
Pappband. DM 16,80/S 139.–

Knobeleien und Denksport
(2019) Von K. Rechberger, 142 S.,
105 Zeichnungen, kart. DM 7,80/S 69.–

Quiz
Mehr als 1500 ernste und heitere Fragen
aus allen Gebieten. (0129) Von R. Sautter
und W. Pröve, 92 S., 9 Zeichnungen,
kart. DM 6,80/S 59.–

500 Rätsel selberraten
(0681) Von E. Krüger, 272 S., kart.
DM 9,95/S 79.–

Das Super-Kreuzwort-Rätsel-Lexikon
Über 150.000 Begriffe. (4126) Von
H. Schiefelbein, 684 S., Pappband.
DM 19,80/S 159.–

365 Schwedenrätsel
(4173) Von Günther Borutta, 336 S.,kart.
DM 16,80/S 139.–

501 Rätsel selberraten
(0711) Von E. Krüger, 272 S., kart.
DM 9,95/S 79.–

Riesen-Kreuzwort-Rätsel-Lexikon
über 250.000 Begriffe. (4197) Von
H. Schiefelbein, 1024 S., Pappband.
DM 29,80/S 239.–

Das große farbige Kinderlexikon
(4195) Von U. Kopp, 320 S., 493 Farbabb.,
17 s/w-Fotos, Pappband.
DM 29,80/S 239.–

Punkt, Punkt, Komma, Strich
Zeichenstunden für Kinder. (0564) Von
H. Witzig, 144 S., über 250 Zeichnungen,
kart. DM 6,80/S 59.–

Einmal grad und einmal krumm
Zeichenstunden für Kinder. (0599) Von
H. Witzig, 144 S., 363 Abb., kart.
DM 6,80/S 59.–

Kinderspiele
die Spaß machen. (2009) Von H. Müller-Stein, 112 S., 28 Abb., kart.
DM 6,80/S 59.–

Spiele für Kleinkinder
(2011) Von D. Kellermann, 80 S.,
23 Abb., kart. DM 5,80/S 49.–

Kasperletheater
Spieltexte und Spielanleitungen · Basteltips für Theater und Puppen. (0641) Von
U. Lietz, 136 S., 4 Farbtafeln,
12 s/w-Fotos, 39 Zeichnungen, kart.
DM 9,80/S 79.–

Kindergeburtstag
Vorbereitung, Spiel und Spaß. (0287)
Von Dr. I. Obrig, 104 S., 40 Abb.,
11 Zeichnungen, 9 Lieder mit Noten, kart.
DM 5,80/S 49.–

Kindergeburtstage die keiner vergißt
Planung, Gestaltung, Spielvorschläge.
(0698) Von G. und G. Zimmermann, 102 S.,
80 Vignetten, kart. DM 9,80/S 79.–

Kinderfeste
daheim und in Gruppen. (4033) Von
G. Blechner, 240 S., 320 Abb., kart.
DM 19,80/S 159.–

Scherzfragen, Drudel und Blödeleien
gesammelt von Kindern. (0506) Hrsg.
von W. Pröve, 112 S., 57 Zeichnungen,
kart. DM 5,80/S 49.–

**Kein schöner Land...
Das große Buch unserer beliebtesten
Volkslieder.** (4150) 208 S., 108 Farbzeichnungen, Pappband. 19,80/S 159.–

Die schönsten Wander- und Fahrtenlieder
(0462) Hrsg. von F. R. Miller, empfohlen
vom Deutschen Sängerbund, 80 S., mit
Noten und Zeichnungen, kart.
DM 5,80/S 49.–

Die schönsten Volkslieder
(0432) Hrsg. von D. Walther, 128 S.,
mit Noten und Zeichnungen, kart.
DM 6,80/S 55.–

Wir geben eine Party
(0192) Von E. Ruge, 88 S., 8 Farbtafeln,
23 Zeichnungen, kart. DM 8,80/S 74.–

Neue Spiele für Ihre Party
(2022) Von G. Blechner, 120 S., 54 Zeichnungen, kart. DM 7,80/S 69.–

Lustige Tanzspiele und Scherztänze
für Parties und Feste. (0165) Von
E. Bäulke, 80 S., 53 Abb., kart.
DM 6,80/S 59.–

Straßenfeste, Flohmärkte und Basare
Praktische Tips für Organisation und
Durchführung. (0592) Von H. Schuster,
96 S., 52 Fotos, 17 Zeichnungen, kart.
DM 12,80/S 99.–

Humor

Es ist ein Brauch von alters her...
Lebensweisheiten
(2214) Von W. Busch, 80 S., 38 Zeichnungen, Pappband. DM 9,80/S 79.–

Heitere Vorträge und witzige Reden
Lachen, Witz und gute Laune. (0149) Von
E. Müller, 104 S., 44 Abb., kart.
DM 9,80/S 79.–

Tolle Sketche
mit zündenden Pointen – zum Nachspielen. (0656) Von E. Cohrs, 112 S.,
kart. DM 6,80/S 59.–

Vergnügliche Sketche
(0476) Von H. Pillau, 96 S., mit
7 lustigen Zeichnungen, kart.
DM 6,80/S 59.–

Heitere Vorträge
(0528) Von E. Müller, 128 S., 14 Zeichnungen, kart. DM 9,80/S 79.–

Die große Lachparade
Neue Texte für heitere Vorträge und
Ansagen. (0188) Von E. Müller, 108 S.,
kart. DM 6,80/S 59.–

So feiert man Feste fröhlicher
Heitere Vorträge und Gedichte.
(0098) Von Dr. Allos, 96 S., 15 Abb.,
kart. DM 7,80/S 69.–

Lustige Vorträge für fröhliche Feiern
(0284) Von Karl Lehnhoff, 96 S., kart.
DM 6,80/S 59.–

Vergnügliches Vortragsbuch
(0091) Von J. Plaut, 192 S., kart.
DM 8,80/S 74.–

**Tolle Sachen zum Schmunzeln und
Lachen**
Lustige Ansagen und Vorträge. (0163)
Von E. Müller, 92 S., kart.
DM 6,80/S 59.–

Humor für jedes Ohr
Fidele Sketche und Ansagen. (0157) Von
H. Ehnle. 96 S., kart. DM 6,80/S 59.–

Sketche und spielbare Witze
für bunte Abende und andere Feste.
(0445) Von H. Friedrich, 120 S., 7 Zeichnungen, kart. DM 6,80/S 59.–

Sketche
Kurzspiele zu amüsanter Unterhaltung.
(0247) Von M. Gering, 132 S., 16 Abb.,
kart., DM 6,80/59.–

Dalli-Dalli-Sketche
aus dem heiteren Ratespiel von und mit
Hans Rosenthal. (0527) Von H. Pillau,
144 S., 18 Abb., kart. DM 9,80/S 79.–

Witzige Sketche zum Nachspielen
(0511) Von D. Hallervorden, 160 S., kart.
DM 14,80/S 119.–

Gereimte Vorträge
für Bühne und Bütt. (0567) Von G. Wagner,
96 S., kart. DM 7,80/S 69.–

Damen in der Bütt
Scherze, Büttenreden, Sketche.
(0354) Von T. Müller, 136 S., kart.
DM 8,80/S 74.–

Narren in der Bütt
Leckerbissen aus dem rheinischen
Karneval. (0216) Zusammengestellt von
T. Lücker, 112 S., kart.
DM 8,80/S 74.–

Rings um den Karneval
Karnevalsscherze und Büttenreden.
(0130) Von Dr. Allos, 136 S., kart.
DM 9,80/S 79.–

Helau und Alaaf 1
Närrisches aus der Bütt.
(0304) Von E. Müller, 112 S., kart.
DM 6,80/S 59.–

Helau und Alaaf 2
Neue Büttenreden.
(0477) Von E. Luft, 104 S., kart.
DM 7,80/S 69.–

Humor und Stimmung
Ein heiteres Vortragsbuch. (0460) Von
G. Wagner, 112 S., kart. DM 6,80/S 59.–

Humor und gute Laune
Ein heiteres Vortragsbuch.
(0635) Von G. Wagner, 96 S., 5 Zeichnungen, kart. DM 8,80/S 74.–

Das große Buch der Witze
(0384) Von E. Holz, 320 S., 36 Zeichnungen, Pappband. DM 16,80/S 139.–

Da lacht das Publikum
Neue lustige Vorträge für viele Gelegenheiten. (0716) Von H. Schmalenbach,
104 S., kart. DM 9,80/S 79.–

Witzig, witzig
(0507) Von E. Müller, 128 S., 16 Zeichnungen, kart. **DM 6,80**/S 59,–

Die besten Witze und Cartoons des Jahres 1
(0454) Hrsg. von K. Hartmann, 288 S., 125 Zeichnungen, geb. **DM 16,80**/S 139,–

Die besten Witze und Cartoons des Jahres 2
(0488) Hrsg. von K. Hartmann, 288 S., 148 Zeichnungen, geb. **DM 16,80**/S 139,–

Die besten Witze und Cartoons des Jahres 3
(0524) Hrsg. von K. Hartmann, 288 S., 105 Zeichnungen, Pappband.
DM 16,80/S 139,–

Die besten Witze und Cartoons des Jahres 4
(0579) Hrsg. von K. Hartmann, 288 S., 140 Zeichnungen, Pappband.
DM 16,80/S 139,–

Die besten Witze und Cartoons des Jahres 5
(0642) Hrsg. von K. Hartmann, 288 S., 88 Zeichnungen, Pappband.
DM 16,80/S 139,–

Das Superbuch der Witze
(4146) Von B. Bornheim, 504 S., 54 Cartoons, Pappband.
DM 16,80/S 139,–

Witze
Lachen am laufenden Band (4241) Von J. Borkert, D. Kroppach, 400 S., 41 Zeichnungen, Pappband.
DM 15,–/S 120,–

Die besten Beamtenwitze
(0574) Hrsg. von W. Pröve, 112 S., 59 Cartoons, kart. **DM 5,80**/S 49,–

Die besten Kalauer
(0705) Von K. Frank, 112 S., 12 Zeichnungen, kart. **DM 5,80**/S 49,–

Robert Lembkes Witzauslese
(0325) Von Robert Lembke, 160 S., mit 10 Zeichnungen von E. Köhler, Pappband. **DM 14,80**/S 119,–

Fred Metzlers Witze mit Pfiff
(0368) Von F. Metzler, 120 S., kart. **DM 6,80**/S 59,–

O frivol ist mir am Abend
Pikante Witze von Fred Metzler. (0388) Von F. Metzler, 128 S., mit Karikaturen, kart. **DM 5,80**/S 49,–

Herrenwitze
(0589) Von G. Wilhelm, 112 S., 31 Zeichnungen, kart. **DM 5,80**/S 49,–

Witze am laufenden Band
(0461) Von F. Asmussen, 118 S., kart.
DM 6,80/S 59,–

Horror zum Totlachen
Gruselwitze
(0536) Von F. Lautenschläger, 96 S., 44 Zeichnungen, kart. **DM 5,80**/S 49,–

Die besten Ostfriesenwitze
(0495) Hrsg. von O. Freese, 112 S., 17 Zeichnungen, kart. **DM 5,80**/S 49,–

Die Kleidermotte ernährt sich von nichts, sie frißt nur Löcher
Stilblüten, Sprüche und Widersprüche aus Schule, Zeitung, Rundfunk und Fernsehen. (0738) Von P. Haas, D. Kroppach, 112 S., zahlr. Abb., kart. **DM 6,80**/S 59,–

Olympische Witze
Sportlerwitze in Wort und Bild.
(0505) Von W. Willnat, 112 S., 126 Zeichnungen, kart. **DM 5,80**/S 49,–

Ich lach mich kaputt! Die besten Kinderwitze
(0545) Von E. Hannemann, 128 S., 15 Zeichnungen, kart. **DM 5,80**/S 49,–

Lach mit!
Witze für Kinder, gesammelt von Kindern. (0468) Hrsg. von W. Pröve, 128 S., 17 Zeichnungen, kart. **DM 6,80**/S 59,–

Die besten Kinderwitze
(0757) Von K. Rank, 120 S., 28 Zeichnungen, kart. **DM 6,80**/S 59,–

Lustige Sketche für Jungen und Mädchen
Kurze Theaterstücke für Jungen und Mädchen. (0669) Von U. Lietz und U. Lange, 104 S., kart. **DM 7,80**/S 69,–

Natur

Faszination Berg
zwischen Alpen und Himalaya.
(4214) Von T. Hiebeler, 96 S., 100 Farbfotos, Pappband. **DM 24,80**/S 198,–

Hilfe für den Wald
Ursachen, Schadbilder, Hilfsprogramme. Was jeder wissen muß, um unser wichtigstes Öko-System zu retten. (4164) Von K. F. Wentzel, R. Zundel, 128 S., 178 Farb- und 6 s/w-Fotos, 60 Zeichnungen, kart.
DM 19,80/S 159,–

Gefährdete und geschützte Pflanzen
erkennen und benennen. (0596) Von W. Schnedler und K. Wolfstetter. 160 S., 140 Farbfotos, 4 Zeichnungen, kart.
DM 19,80/S 159,–

Beeren und Waldfrüchte
erkennen und benennen, eßbar oder giftig? (0401) Von J. Raithelhuber, 120 S., 90 Farbfotos, 40 Zeichnungen, kart. **DM 16,80**/S 139,–

Pilze
erkennen und benennen. (0380) Von J. Raithelhuber, 136 S., 110 Farbfotos, kart. **DM 14,80**/S 119,–

Falken-Handbuch Pilze
Mit über 250 Farbfotos und Rezepten. (4061) Von M. Knoop, 276 S., 250 Farbfotos, Pappband. **DM 39,–**/S 319,–

Das Gartenjahr
Arbeitsplan für den Hobbygärtner.
(4075) Von G. Bambach, 152 S., 16 Farbtafeln, 141 Abb., kart. **DM 14,80**/S 119,–

Gartenteiche und Wasserspiele
planen, anlegen und pflegen. (4083) Von H. R. Sikora, 160 S., 31 Farb- und 31 s/w-Fotos, 73 Zeichnungen, Pappband.
DM 29,80/S 239,–

Wasser im Garten
Von der Viehtränke zum Naturteich – Natürliche Lebensräume selbst gestalten. (4230) Von H. Hendel, 240 S., 247 Farbfotos, 68 Farbzeichnungen, Pappband.
DM 59,–/S 479,–

Gärtnern
(5004) Von I. Manz, 64 S., 38 Farbfotos, Pappband. **DM 14,80**/S 119,–

Gärtner Gustavs Gartenkalender
Arbeitspläne · Pflanzenporträts · Gartenlexikon. (4155) Von G. Schoser, 120 S., 146 Farbfotos, 13 Tabellen, 203 farbige Zeichnungen, Pappband.
DM 24,80/S 198,–

Ziersträucher und -bäume im Garten
(5071) Von I. Manz, 64 S., 91 Farbfotos, Pappband. **DM 14,80**/S 119,–

Das Blumenjahr
Arbeitsplan für drinnen und draußen.
(4142) Von G. Voicke, 136 S., 15 Farbtafeln, kart. **DM 14,80**/S 119,–

Der richtige Schnitt von Obst- und Ziergehölzen, Rosen und Hecken
(0619) Von E. Zettl, 88 S., 8 Farbtafeln, 39 Zeichnungen, 21 s/w-Fotos, kart.
DM 7,80/S 69,–

Blumenpracht im Garten
(5014) Von I. Manz, 64 S., 93 Farbfotos, Pappband. **DM 14,80**/S 119,–

Vom betörenden Zauber der Rosen
(2206) Von H. Steinhauer, 80 S., 89 Farbfotos und Zeichnungen, Pappband. **DM 9,80**/S 85,–

Blütenpracht in Haus und Garten
(4145) Von M. Haberer, u. a., 352 S., 1012 Farbfotos, Pappband.
DM 39,–/S 319,–

Das bunte Blütenparadies der Blumen
(2219) Von B. Zeidelhack, 80 S., 72 Farbabb., Pappband. **DM 9,80**/S 85,–

Sag's mit Blumen
Pflege und Arrangieren von Schnittblumen. (5103) Von P. Möhring, 64 S., 68 Farbfotos, 2 s/w-Abb., Pappband. **DM 14,80**/S 119,–

Grabgestaltung
Bepflanzung und Pflege zu jeder Jahreszeit. (5120) Von N. Uhl, 64 S., 77 Farbfotos, 2 Zeichnungen, Pappband.
DM 16,80/S 139,–

Leben im Naturgarten
Der Biogärtner und seine gesunde Umwelt. (4124) Von N. Jorek, 128 S., 68 s/w-Fotos, kart. **DM 14,80**/S 119,–

So wird mein Garten zum Biogarten
Alles über die Umstellung auf naturgemäßen Anbau. (0706) Von I. Gabriel, 128 S., durchgehend 4farbig, 73 Farbfotos, 54 Farbzeichnungen, kart.
DM 14,80/S 119,–

Gesunde Pflanzen im Biogarten
Biologische Maßnahmen bei Schädlingsbefall und Pflanzenkrankheiten. (0707) Von I. Gabriel, 128 S., durchgehend 4farbig, 126 Farbfotos, 12 Farbzeichnungen, kart. **DM 14,80**/S 119,–

Der Biogarten unter Glas und Folie
Ganzjährig erfolgreich ernten. (0722) Von I. Gabriel, 128 S., durchgehend 4farbig, 62 Farbfotos, 45 Farbzeichnungen, kart. **DM 14,80**/S 119,–

Obst und Beeren im Biogarten
Gesunde und schmackhafte Früchte durch natürlichen Anbau. (0780) Von I. Gabriel, 128 S., 38 Farbfotos, 71 Farbzeichnungen, kart. **DM 14,80**/S 119,–

Die Preise entsprechen dem Status beim Druck dieses

Neuanlage eines Biogartens
Planung, Bodenvorbeitung, Gestaltung. (0721) Von I. Gabriel, 128 S., durchgehend 4farbig, 73 Farbfotos, 39 Zeichnungen, kart. **DM 14,80**/S 119,–

Der biologische Zier- und Wohngarten
Planen, Vorbereiten, Bepflanzen und Pflegen. (0748) Von I. Gabriel, 128 S., 72 Farbfotos, 46 Farbzeichnungen, kart. **DM 14,80**/S 119,–

Das Bio-Gartenjahr
Arbeitsplan für naturgemäßes Gärtnern. (4169) Von N. Jorek, 128 S., 8 Farbtafeln, 70 s/w-Abb. kart. **DM 14,80**/S 119,–

Selbstversorgung aus dem eigenen Anbau
Reichen Erntesegen verwerten und haltbar machen. (4182) Von M. Bustorf-Hirsch, M. Hirsch, 216 S., 270 Zeichnungen, Pappband. **DM 29,80**/S 239,–

Mischkultur im Nutzgarten
Mit Jahreskalender und Anbauplänen. (0651) Von H. Oppel, 112 S., 8 Farbtafeln, 23 s/w-Fotos, 29 Zeichnungen, kart. **DM 9,80**/S 79,–

Erfolgstips für den Gemüsegarten
Mit naturgemäßem Anbau zu höherem Ertrag. (0674) Von F. Mühl, 80 S., 30 s/w-Fotos, 4 Zeichnungen, kart. **DM 7,80**/ S 69,–

Der erfolgreiche Obstgarten
Pflanzung · Veredelung und Schnitt. (5100) Von J. Zech, 64 S., 54 Farbfotos, Pappband. **DM 14,80**/S 119,–

Gemüse, Kräuter, Obst aus dem Balkongarten
– Erfolgreich ernten auf kleinstem Raum. (0694) Von S. Stein, 32 S., 34 Farbfotos, 6 Zeichnungen, Spiralbindung, kart., **DM 7,80**/S 69,–

Keime, Sprossen, Küchenkräuter
am Fenster ziehen – rund ums Jahr. (0658) Von F. und H. Jantzen, 32 S., 55 Farbfotos, Spiralbindung, kart. **DM 6,80**/S 59,–

Balkons in Blütenpracht
zu allen Jahreszeiten. (5047) Von N. Uhl, 64 S., 80 Farbfotos, Pappband. **DM 14,80**/S 119,–

Kübelpflanzen
für Balkon, Terrasse und Dachgarten. (5132) Von M. Haberer, 64 S., 70 Farbfotos, Pappband. **DM 14,80**/S 119,–

Kletterpflanzen
Rankende Begrünung für Fassade, Balkon und Garten. (5140) Von M. Haberer, 64 S., 70 Farbabb., 2 Zeichnungen, Pappband. **DM 14,80**/S 119,–

Mein Kräutergarten rund ums Jahr
Täglich schnittfrisch und gesund würzen. (4192) Von Prof. Dr. G. Lysek, 136 S., 15 Farbtafeln, 91 Zeichnungen, kart. **DM 16,80**/S 139,–

Blühende Zimmerpflanzen
94 Arten mit Pflegeanleitungen. (5010) Von R. Blaich, 64 S., 107 Farbfotos, Pappband. **DM 14,80**/S 119,–

Falken-Handbuch Zimmerpflanzen
1600 Pflanzenporträts. (4082) Von R. Blaich, 432 S., 480 Farbfotos, 84 Zeichnungen, 1600 Pflanzenbeschreibungen, Pappband. **DM 39,–**/S 319,–

Blütenpracht in Grolit 2000
Der neue, mühelose Weg zu farbenprächtigen Zimmerpflanzen. (5127) Von G. Vocke, 64 S., 50 Farbfotos, Pappband. **DM 14,80**/S 119,–

Bonsai
Japanische Miniaturbäume und Miniaturlandschaften. Anzucht, Gestaltung und Pflege. (4091) Von B. Lesniewicz, 160 S., 106 Farbfotos, 46 s/w-Fotos, 115 Zeichnungen, gebunden. **DM 68,–**/S 549,–

Zimmerbäume, Palmen und andere Blattpflanzen
Standort, Pflege, Vermehrung, Schädlinge. (5111) Von G. Schoser, 96 S., 98 Farbfotos, 7 Zeichnungen, Pappband. **DM 19,80**/S 159,–

Biologisch zimmergärtnern
Zier- und Nutzpflanzen natürlich pflegen. (4144) Von N. Jorek, 152 S., 15 Farbtafeln, 120 s/w-Fotos, Pappband. **DM 19,80**/S 159,–

Hydrokultur
Pflanzen ohne Erde – mühelos gepflegt. (4080) Von H.-A. Rotter, 120 S., 82 Abb., Pappband. **DM 19,80**/S 159,–

Zimmerpflanzen in Hydrokultur
Leitfaden für problemlose Blumenpflege. (0660) Von H.-A. Rotter, 32 S., 76 Farbfotos, 8 farbige Zeichnungen, Pappband. **DM 7,80**/S 69,–

Sukkulenten
Mittagsblumen, Lebende Steine, Wolfsmilchgewächse u. a. (5070) Von W. Hoffmann, 64 S., 82 Farbfotos, Pappband. **DM 14,80**/S 119,–

Kakteen und andere Sukkulenten
300 Arten mit über 500 Farbfotos. (4116) Von G. Andersohn, 316 S., 520 Farbfotos, 193 Zeichnungen, Pappband. **DM 49,–**/S 398,–

Fibel für Kakteenfreunde
(0199) Von H. Herold, 102 S., 23 Farbfotos, 37 s/w-Abb., kart. **DM 7,80**/S 69,–

Kakteen
Herkunft, Anzucht, Pflege, Arten. (5021) Von W. Hoffmann, 64 S., 70 Farbfotos, Pappband. **DM 14,80**/S 119,–

Faszinierende Formen und Farben Kakteen
(4211) Von K. und F. Schild, 96 S., 127 Farbfotos, Pappband. **DM 24,80**/S 198,–

Orchideen
(4215) Von G. Schoser, 96 S., 143 Farbfotos, Pappband. **DM 24,80**/S 198,–

Falken-Handbuch Orchideen
Lebensraum, Kultur, Vermehrung und Pflege. (4231) Von G. Schoser, 144 S., 121 Farbfotos, 28 Farbzeichnungen, Pappband. **DM 29,80**/S 239,–

Falken-Handbuch Katzen
(4158) Von B. Gerber. 176 S., 294 Farb- und 88 s/w-Fotos, Pappband. **DM 39,–**/S 319,–

Katzen
Rassen · Haltung · Pflege. (4216) Von B. Eilert-Overbeck, 96 S., 82 Farbfotos, Pappband. **DM 24,80**/S 198,–

Das neue Katzenbuch
Rassen – Aufzucht – Pflege. (0427) Von B. Eilert-Overbeck, 136 S., 54 Farbfotos, 26 s/w-Fotos, kart. **DM 8,80**/S 74,–

Lieblinge auf Samtpfötchen Katzen
(2202) Von B. Eilert-Overbeck, 80 S., 53 Farbfotos, 5 s/w-Fotos, 1 Zeichnung, Pappband. **DM 9,80**/S 85,–

Katzenkrankheiten
Erkennung und Behandlung. Steuerung des Sexualverhaltens. (0652) Von Dr. med. vet. R. Spangenberg, 176 S., 64 s/w-Fotos, 4 Zeichnungen, kart. **DM 9,80**/S 79,–

Falken-Handbuch Hunde
(4118) Von H. Bielfeld, 176 S., 222 Farbfotos und Farbzeichnungen, 73 s/w-Abb., Pappband. **DM 39,–**/S 319,–

Hunde
Die treuen Freunde des Menschen (2207) Von R. Spangenberg, 80 S., 49 Farbfotos und Zeichnungen, Pappband. **DM 9,80**/S 85,–

Hunde
Rassen · Erziehung · Haltung. (4209) Von H. Bielfeld, 96 S., 101 Farbfotos, Pappband. **DM 24,80**/S 198,–

Das neue Hundebuch
Rassen · Aufzucht · Pflege. (0009) Von W. Busack, überarbeitet von Dr. med. vet. A. H. Hacker und H. Bielfeld, 112 S., 8 Farbtafeln, 27 s/w-Fotos, 6 Zeichnungen, kart. **DM 8,80**/S 74,–

Falken-Handbuch Der Deutsche Schäferhund
(4077) Von U. Förster, 228 S., 160 Abb., Pappband. **DM 29,80**/S 239,–

Der Deutsche Schäferhund
Aufzucht, Pflege und Ausbildung. (0073) Von A. Hacker, 104 S., 56 Abb., kart. **DM 7,80**/S 69,–

Dackel, Teckel, Dachshund
Aufzucht · Pflege · Ausbildung. (0508) Von M. Wein-Gysae, 112 S., 4 Farbtafeln, 43 s/w-Fotos, 2 Zeichnungen, kart. **DM 9,80**/S 79,–

Hundeausbildung
Verhalten – Gehorsam – Abrichtung. (0346) Von Prof. Dr. R. Menzel, 96 S., 18 Fotos, kart. **DM 7,80**/S 69,–

Hundekrankheiten
Erkennung und Behandlung, Steuerung des Sexualverhaltens. (0570) Von Dr. med. vet. R. Spangenberg, 128 S., 68 s/w-Fotos, 10 Zeichnungen, kart. **DM 9,80**/S 79,–

Falken-Handbuch Pferde
(4186) Von H. Werner, 176 S., 196 Farb- und 50 s/w-Fotos, 100 Zeichnungen, Pappband. **DM 48,–**/S 389,–

Ponys
Rassen, Haltung, Reiten. (4205) Von S. Braun, 96 S., 84 Farbfotos, Pappband. **DM 24,80**/S 198,–

Schmetterlinge
Tagfalter Mitteleuropas erkennen und benennen. (0510) Von T. Ruckstuhl, 156 S., 136 Farbfotos, kart. **DM 16,80**/S 139,–

Wellensittiche
Arten · Haltung · Pflege · Sprechunterricht · Zucht. (5136) Von H. Bielfeld, 64 S., 59 Farbfotos, Pappband. **DM 14,80**/S 119,–

Papageien und Sittiche
Arten · Pflege · Sprechunterricht. (0591) Von H. Bielfeld, 112 S., 8 Farbtafeln, kart. **DM 9,80**/S 79,–

Geflügelhaltung als Hobby
(0749) Von M. Baumeister, H. Meyer, 184 S., 8 Farbtafeln, 47 s/w-Fotos, 15 Zeichnungen, kart. **DM 16,80**/S 139,–

Falken-Handbuch Das Terrarium
(4069) Von B. Kahl, P. Gaupp, Dr. G. Schmidt, 336 S., 215 Farbfotos, geb. **DM 58,–**/S 460,–

Das Süßwasser-Aquarium
Einrichtung · Pflege · Fische · Pflanzen. (0153) Von H. J. Mayland, 152 S., 16 Farbtafeln, 43 s/w-Zeichnungen, kart. **DM 12,80**/S 99,–

Verzeichnisses (s. Seite 1) – Änderungen, im besonderen der Preise, vorbehalten –

Falken-Handbuch
Süßwasser-Aquarium
(4191) Von H. J. Mayland, 288 S.,
564 Farbfotos, 75 Zeichnungen,
Pappband. **DM 49,–**/S 398.–

Cichliden
Pflege, Herkunft und Nachzucht der
wichtigsten Buntbarscharten. (5144) Von
Jo in't Veen, 96 S., 163 Farbfotos,
Pappband. **DM 19,80**/S 159,–

Gesundheit

Die Frau als Hausärztin
Der unentgeltliche Ratgeber für die
Gesundheit. (4072) Von Dr. med.
A. Fischer-Dückelmann, 808 S., 14 Farbtafeln, 146 s/w-Fotos, 203 Zeichnungen,
Pappband. **DM 29,80**/S 239,–
**Heiltees und Kräuter für die
Gesundheit**
(4123) Von G. Leibold, 136 S., 15 Farbtafeln, 16 Zeichnungen, kart.
DM 14,80/S 119.–
Falken-Handbuch
Heilkräuter
Modernes Lexikon der Pflanzen und
Anwendungen (4076) Von G. Leibold,
392 S., 183 Farbfotos, 22 Zeichnungen,
geb. **DM 39,–**/S 319.–
Die farbige Kräuterfibel
Heil- und Gewürzpflanzen. (0245) Von
I. Gabriel, 196 S., 49 farbige und
97 s/w-Abb., kart. **DM 14,80**/S 119.–
Arzneikräuter und Wildgemüse
erkennen und benennen. (0459) Von
J. Raithelhuber, 144 S., 150 Farbfotos,
31 Zeichnungen, kart. **DM 16,80**/S 139.–
Falken-Handbuch
Bio-Medizin
Alles über die moderne Naturheilpraxis.
(4136) Von G. Leibold, 552 S., 38 Farbfotos, 232 s/w-Abb., Pappband.
DM 39,–/ S 319.–
Enzyme
(0677) Von G. Leibold, 96 S., kart.
DM 9,80/S 79.–
Heilfasten
(0713) Von G. Leibold, 108 S., kart.
DM 9,80/S 79.–
**So lebt man länger nach Dr. Le
Comptes Erfolgsmethode!**
Vital und gesund bis ins hohe Alter.
(4129) Von Dr. H. Le Compte,
P. Pervenche, 224 S., gebunden.
DM 24,80/S 198.–

**Gesundheit und Spannkraft durch
Yoga**
(0321) Von L. Frank und U. Ebbers,
112 S., 50 s/w-Fotos, kart.
DM 7,80/S 69.–
Yoga für jeden
(0341) Von K. Zebroff, 156 S., 135 Abb.,
Spiralbindung. **DM 20,–**/S 160.–
Yoga für Schwangere
Der Weg zur sanften Geburt. (0777) Von
V. Bolesta-Hahn, 108 S., 76 2-farbige
Abb. **DM 12,80**/S 99,–
**Yoga gegen Haltungsschäden und
Rückenschmerzen**
(0394) Von A. Raab, 104 S., 215 Abb.,
kart. **DM 6,80**/S 59.–
Hypnose und Autosuggestion
Methoden – Heilwirkungen – praktische
Beispiele. (0483) Von G. Leibold, 116 S.,
kart. **DM 7,80**/S 69.–
Autogenes Training
Anwendung · Heilwirkungen · Methoden.
(0541) Von R. Faller, 128 S., 3 Zeichnungen, kart. **DM 9,80**/S 79.–
**Die fernöstliche Fingerdrucktherapie
Shiatsu**
Anleitungen zur Selbsthilfe – Heilwirkungen. (0615) Von G. Leibold, 196 S.,
180 Abb., kart. **DM 16,80**/S 139.–
Eigenbehandlung durch Akupressur
Heilwirkungen – Energielehre – Meridiane. (0417) Von G. Leibold, 152 S.,
78 Abb., kart. **DM 9,80**/S 79.–
**Bauch, Taille und Hüfte gezielt formen
durch Aktiv Yoga**
(0709) Von K. Zebroff, 112 S., 102 Farbfotos, Spiralbindung. **DM 14,80**/S 119.–
10 Minuten täglich Tele-Gymnastik
(5102) Von B. Manz und K. Biermann,
128 S., 381 Abb., kart.
DM 14,80/S 119.–
Gesund und fit durch Gymnastik
(0366) Von H. Pilss-Samek, 132 S.,
150 Abb., kart. **DM 9,80**/S 79.–
Stretching
Mit Dehnungsgymnastik zu Entspannung, Geschmeidigkeit und Wohlbefinden. (0717) Von H. Schulz, 80 S.,
90 s/w-Fotos, kart. **DM 7,80**/S 69.–
Schönheitspflege
Kosmetische Tips für jeden Tag. (0493)
Von H. Zander, 80 S., 25 Abb., kart.
DM 7,80/S 69.–
Natur-Apotheke
Gesundheit durch altbewährte Kräuterrezepte und Hausmittel.
(4156) Von G. Leibold, 236 S., 8 Farbtafeln, 100 Zeichnungen, kart.,
DM 19,80/S 159.–
(4157) Pappband, **29,80**/S 239.–

Bildatlas des menschlichen Körpers
(4177) Von G. Pogliani, V. Vannini, 112 S.,
402 Farbabb., 28 s/w-Fotos, Pappband,
DM 29,80/S 239.–
Fußmassage
Reflexzonentherapie am Fuß (0714) Von
G. Leibold, 96 S., 38 Zeichnungen, kart.
DM 9,80/S 79.–
Rheuma und Gicht
Krankheitsbilder, Behandlung, Therapieverfahren, Selbstbehandlung, richtige
Lebensführung und Ernährung. (0712)
Von Dr. J. Höder, J. Bandick, 104 S., kart.
DM 9,80/S 79.–
Krampfadern
Ursachen, Vorbeugung, Selbstbehandlung, Therapieverfahren. (0727) Von
Dr. med. K. Steffens, 96 S., 38 Abb.,
kart. **DM 9,80**/S 79.–
Gallenleiden
Krankheitsbilder, Behandlung, Therapieverfahren, Selbstbehandlung, Richtige
Lebensführung und Ernährung. (0673)
Von Dr. med. K. Steffens, 104 S.,
34 Zeichnungen, kart. **DM 9,80**/S 79.–
Asthma
Pseudokrupp, Bronchitis und Lungenemphysem. (0778) Von Prof. Dr. med.
W. Schmidt, 120 S., 56 Zeichnungen,
kart. **DM 9,80**/S 79.–
Vitamine und Ballaststoffe
So ermittle ich meinen täglichen Bedarf
(0746) Von Prof. Dr. M. Wagner,
I. Bongartz, 96 S., 6 Farbabb., zahlreiche
Tabellen, kart. **DM 9,80**/S 79,–
Darmleiden
Krankheitsbilder, Behandlung, Selbstbehandlung, Richtige Lebensführung und
Ernährung. (0798) Von Dr. med. K. Steffens, 112 S., 46 Zeichnungen, kart.
DM 9,80/S 79,–
Massage
(0750) Von B. Rumpler, K. Schutt, 112 S.,
116 2-farbige Zeichnungen, kart.
DM 12,80/S 99,–
Ratgeber Aids
Entstehung, Ansteckung, Krankheitsbilder, Heilungschancen, Schutzmaßnahmen.
(0803) Von B. Baartman, Vorwort von
Dr. med. H. Jäger, 112 S., 8 Fabrtafeln,
4 Grafiken, kart. **DM 16,80**/S 139,–
Wenn Kinder krank werden
Medizinischer Ratgeber für Eltern.
(4240) Von Dr. med. I. J. Chasnoff,
B. Nees-Delaval, 232 S., 163 Zeichnungen, Pappband. **DM 29,80**/S 239,–

Ratgeber Lebenshilfe

Umgangsformen heute
Die Empfehlungen des Fachausschusses für Umgangsformen. (4015) 282 S., 160 s/w-Fotos, 25 Zeichnungen, Pappband. **DM 29,80**/S 239.–

Der gute Ton
Ein moderner Knigge. (0063) Von I. Wolter, 168 S., 38 Zeichnungen, 53 s/w-Fotos, kart. **DM 9,80**/S 79.–

Haushaltstips von A bis Z
(0759) Von A. Eder, 80 S., 30 Zeichnungen, kart. **DM 7,80**/S 69.–

Wir heiraten
Ratgeber zur Vorbereitung und Festgestaltung der Verlobung und Hochzeit. (4188) Von C. Poensgen, 216 S., 8 s/w-Fotos, 30 s/w-Zeichnungen, 8 Farbtafeln, Pappband. **DM 19,80**/S 159.–

Kleines Dankeschön für die charmante Gastgeberin
(2218) Von S. Gräfin Schönfeldt, 80 S., 46 Farbabb., Pappband. **DM 9,80**/S 85.–

Die Kunst der freien Rede
Ein Intensivkurs mit vielen Übungen, Beispielen und Lösungen. (4189) Von G. Hirsch, 232 S., 11 Zeichnungen, Pappband. **DM 29,80**/S 239.–

Reden zur Taufe, Kommunion und Konfirmation
(0751) Von G. Georg, 96 S., kart. **DM 6,80**/S 59.–

Der richtige Brief zu jedem Anlaß
Das moderne Handbuch mit 400 Musterbriefen. (4179) Von H. Kirst, 376 S., Pappband. **DM 26,80**/S 218.–

Von der Verlobung zur Goldenen Hochzeit
(0393) Von E. Ruge, 120 S., kart. **DM 6,80**/S 59.–

Reden zur Hochzeit
Musteransprachen für Hochzeitstage. (0654) Von G. Georg, 112 S., kart. **DM 6,80**/S 59.–

Glückwünsche, Toasts und Festreden zur Hochzeit.
(0264) Von I. Wolter, 128 S., 18 Zeichnungen, kart. **DM 7,80**/S 69.–

Hochzeits- und Bierzeitungen
Muster, Tips und Anregungen. (0288) Von H.-J. Winkler, mit vielen Text- und Gestaltungsanregungen, 116 S., 15 Abb., 1 Musterzeitung, kart. **DM 6,80**/S 59.–

Kindergedichte zur Grünen, Silbernen und Goldenen Hochzeit
(0318) Von H.-J. Winkler, 104 S., 20 Abb., kart. **DM 6,80**/S 49.–

Die Silberhochzeit
Vorbereitung · Einladung · Geschenkvorschläge · Dekoration · Festablauf · Menüs · Reden · Glückwünsche. (0542) Von K. F. Merkle, 120 S., 41 Zeichnungen, kart. **DM 9,80**/S 79.–

Großes Buch der Glückwünsche
(0255) Hrsg. von O. Fuhrmann, 240 S., 77 Zeichnungen und viele Gestaltungsvorschläge, kart. **DM 7,80**/S 79.–

Neue Glückwunschfibel
für Groß und Klein. (0156) Von R. Christian-Hildebrandt, 96 S., kart. **DM 4,80**/S 39.–

Glückwunschverse für Kinder
(0277) Von B. Ulrici, 80 S., kart. **DM 5,80**/S 49.–

Die Redekunst
Rhetorik · Rednererfolg (0076) Von K. Wolter, überarbeitet von Dr. W. Tappe, 80 S., kart. **DM 5,80**/S 49.–

Reden und Ansprachen
für jeden Anlaß. (4009) Hrsg. von F. Sicker, 454 S., gebunden. **DM 39,–**/S 319.–

Reden zum Jubiläum
Musteransprachen für viele Gelegenheiten (0595) Von G. Georg, 112 S., kart. **DM 6,80**/S 59.–

Reden zum Ruhestand
Musteransprachen zum Anschluß des Berufslebens (0790) Von G. Georg, 104 S., kart. **DM 7,80**/S 69.–

Reden und Sprüche zu Grundsteinlegung, Richtfest und Einzug
(0598) Von A. Bruder, G. Georg, 96 S., kart. **DM 6,80**/S 59.–

Reden zu Familienfesten
Musteransprachen für viele Gelegenheiten. (0675) Von G. Georg, 108 S., kart. **DM 7,80**/S 69.–

Reden zum Geburtstag
Musteransprachen für familiäre und offizielle Anlässe. (0773) Von G. Georg, 104 S., kart. **DM 7,80**/S 69.–

Festreden und Vereinsreden
Ansprachen für festliche Gelegenheiten. (0069) Von K. Lehnhoff, E. Ruge, 88 S., kart. **DM 5,80**/S 49.–

Reden im Verein
Musteransprachen für viele Gelegenheiten. (0703) Von G. Georg, 112 S., kart. **DM 6,80**/S 59.–

Trinksprüche
Fest- und Damenreden in Reimen. (0791) Von L. Metzner, 88 S., 14 s/w-Zeichnungen, kart. **DM 7,80**/S 68.–

Trinksprüche, Richtsprüche, Gästebuchverse
(0224) Von D. Kellermann, 80 S., kart. **DM 5,80**/S 49.–

Ins Gästebuch geschrieben
(0576) Von K. H. Trabeck, 96 S., 24 Zeichnungen, kart. **DM 7,80**/S 69.–

Poesiealbumverse
Heiteres und Besinnliches. (0578) Von A. Göttling, 112 S., 20 Zeichnungen, Pappband. **DM 14,80**/S 119.–

Verse fürs Poesiealbum
(0241) Von I. Wolter, 96 S., 20 Abb., kart. **DM 5,80**/S 49.–

Rosen, Tulpen, Nelken . . .
Beliebte Verse fürs Poesiealbum
(0431) Von W. Pröve, 96 S., 11 Faksimile-Abb., kart. **DM 5,80**/S 49.–

Der Verseschmied
Kleiner Leitfaden für Hobbydichter. Mit Reimlexikon. (0597) Von T. Parisius, 96 S., 28 Zeichnungen, kart. **DM 7,80**/S 69.–

Was wäre das Leben ohne Hoffnung
Trostreiche Worte
(2224) Hrsg. E. Heinold, 80 S., 23 Farbfotos, Pappband. **DM 9,80**/S 85.–

Moderne Korrespondenz
Handbuch für erfolgreiche Briefe. (4014) Von H. Kirst und W. Manekeller, 544 S., gebunden. **DM 39,–**/S 319.–

Der neue Briefsteller
Musterbriefe für alle Gelegenheiten. (0060) Von I. Wolter-Rosendorff, 112 S., kart. **DM 5,80**/S 49.–

Geschäftliche Briefe
des Privatmanns, Handwerkers, Kaufmanns. (0041) Von A. Römer, 120 S., kart. **DM 6,80**/S 59.–

Behördenkorrespondenz
Musterbriefe – Anträge – Einsprüche. (0412) Von E. Ruge, 120 S., kart. **DM 7,80**/S 69.–

Musterbriefe
für alle Gelegenheiten. (0231) Hrsg. von O. Fuhrmann, 240 S., kart. **DM 9,80**/S 79.–

Privatbriefe
Muster für alle Gelegenheiten. (0114) Von I. Wolter-Rosendorff, 132 S., kart. **DM 6,80**/S 59.–

Erfolgstips für den Schriftverkehr
Briefwechsel leicht gemacht durch einfachen Stil und klaren Ausdruck (0678) Von J. Werbellin, 120 S., kart. **DM 8,80**/S 74.–

Worte und Briefe der Anteilnahme
(0464) Von E. Ruge, 128 S., mit vielen Abb., kart. **DM 9,80**/S 79.–

Reden in Trauerfällen
Musteransprachen für Beerdigungen und Trauerfeiern (0736) Von G. Georg, 104 S., kart. **DM 6,80**/S 59.–

Lebenslauf und Bewerbung
Beispiele für Inhalt, Form und Aufbau. (0428) Von H. Friedrich, 112 S., kart. **DM 6,80**/S 59.–

Erfolgreiche Bewerbungsbriefe und Bewerbungsformen.
(0138) Von W. Manekeller, 88 S., kart. **DM 5,80**/S 49.–

Die erfolgreiche Bewerbung
Bewerbung und Vorstellung. (0173) Von W. Manekeller, 156 S., kart. **DM 9,80**/S 79.–

Die Bewerbung
Der moderne Ratgeber für Bewerbungsbriefe, Lebenslauf und Vorstellungsgespräche. (4138) Von W. Manekeller, 264 S., Pappband. **DM 19,80**/S 159.–

Vorstellungsgespräche
sicher und erfolgreich führen. (0636) Von H. Friedrich, 144 S., kart. **DM 9,80**/S 79.–

Keine Angst vor Einstellungstests
Ein Ratgeber für Bewerber. (0793) Von Ch. Titze, 120 S., 67 Zeichnungen, kart. **DM 9,80**/S 79.–

Zeugnisse im Beruf
richtig schreiben, richtig verstehen. (0544) Von H. Friedrich, 112 S., kart. **DM 9,80**/S 79.–

In Anerkennung Ihrer . . . .
Lob und Würdigung in Briefen und Reden.
(0535) Von H. Friedrich, 136 S., kart. **DM 9,80**/S 79.–

Erfolgreiche Kaufmannspraxis
Wirtschaftliche Grundlagen, Geld, Kreditwesen, Steuern, Betriebsführung, Recht, EDV. (4046) Von W. Göhler, H. Gölz, M. Heibel, Dr. D. Machenheimer, 544 S., gebunden. **DM 39,–**/S 319.–

Der Rechtsberater im Haus
(4048) Von K.-H. Hofmeister, 528 S., gebunden. **DM 39,–**/S 319.–

Arbeitsrecht
Praktischer Ratgeber für Arbeitnehmer und Arbeitgeber. (0594) Von J. Beuthner, 192 S., kart. **DM 16,80**/S 139.–

Mietrecht
Leitfaden für Mieter und Vermieter. (0479) Von J. Beuthner, 196 S., kart. **DM 14,80**/S 119.–

Familienrecht
Ehe – Scheidung – Unterhalt. (4190) Von T. Drewes, R. Hollender, 368 S., Pappband. **DM 29,80**/S 239.–

Verzeichnisses (s. Seite 1) – Änderungen, im besonderen die Preise, vorbehalten –

Scheidung und Unterhalt
nach dem neuen Eherecht. (0403) Von
Rechtsanwalt H. T. Drewes, 112 S., mit
Kosten- und Unterhaltstabellen, kart.
DM 7,80/S 69.–

Testament und Erbschaft
Erbfolge, Rechte und Pflichten der Erben,
Erbschafts- und Schenkungssteuer,
Mustertestamente. (4139) Von T. Drewes,
R. Hollender, 304 S., Pappband.
DM 26,80/S 218.–

Erbrecht und Testament
Mit Erläuterungen des Erbschaftssteuergesetzes von 1974. (0046) Von Dr. jur.
H. Wandrey, 124 S., kart. **DM 6,80**/S 59.–

Endlich 18 und nun?
Rechte und Pflichten mit der Volljährigkeit. (0646) Von R. Rathgeber, 224 S.,
27 Zeichnungen, kart. **DM 14,80**/S 119.–

Was heißt hier minderjährig?
(0765) Von R. Rathgeber, C. Rummel,
148 S., 50 Fotos, 25 Zeichnungen, kart.
DM 14,80/S 119.–

So finde ich einen Ausbildungsplatz
(0715) Von H. Friedrich, 136 S., kart.
DM 9,80/S 79.–

Elternsache Grundschule
(0692) Hrsg. von K. Meynersen, 324 S.,
kart. **DM 26,80**/S 218.–

Sexualberatung
(0402) Von Dr. M. Röhl, 168 S., 8 Farbtafeln, 17 Zeichnungen, Pappband.
DM 19,80/S 159.–

Die Kunst des Stillens
nach neuesten Erkenntnissen
(0701) Von Prof. Dr. med. E. Schmidt/S.
Brunn, 112 S., 20 Fotos und Zeichnungen,
kart. **DM 9,80**/S 79,–

Wenn Sie ein Kind bekommen
(4003) Von U. Klamroth, Dr. med.
H. Oster, 240 S., 86 s/w-Fotos, 30 Zeichnungen, Pappband. **DM 24,80**/S 198.–

Vorbereitung auf die Geburt
Schwangerschaftsgymnastik, Atmung,
Rückbildungsgymnastik. (0251) Von
S. Buchholz, 112 S., 98 s/w-Fotos, kart.
DM 6,80/S 59.–

Wie soll es heißen?
(0211) Von D. Köhr, 136 S., kart.
DM 5,80/S 49.–

Das Babybuch
Pflege · Ernährung · Entwicklung. (0531)
Von A. Burkert, 128 S., 16 Farbtafeln,
38 s/w-Fotos, 30 Zeichnungen, kart.
DM 12,80/S 99.–

Mitmachen – die Umwelt retten!
Das Öko-Testbuch
Analysen und Experimente zur Eigeninitiative. (4160) Von M. Häfner,
400 Farbfotos, 137 farbige Zeichnungen,
Pappband. **DM 39,–**/S 319,–

Die neue Lebenshilfe **Biorhytmik**
Höhen und Tiefen der persönlichen
Lebenskurven vorausberechnen und
danach handeln. (0458) Von W. A. Appel,
157 S., 63 Zeichnungen, Pappband.
DM 12,80/S 99.–

Vom Urkrümel zum Atompilz
Evolution – Ursache und Ausweg aus der
Krise. (4181) Von Jürgen Voigt, 188 S.,
20 Farb- und 70 s/w-Fotos, 32 Zeichnungen, kart. **DM 19,80**/S 159.–

Der Sklave Calvisius
Alltag in einer römischen Provinz 150 n.
Chr. (4058) Von A. Ammermann,
T. Röhrig, G. Schmidt, 120 S.,
99 Farbabb., 47 s/w-Abb., Pappband.
DM 19,80/S 159.–

ZDF · ORF · DRS
Kompaß Jugend-Lexikon
(4096) Von R. Kerler, J. Blum, 336 S.,
766 Farbfotos, 39 s/w-Abb., Pappband.
DM 39,–/S 319,–

Astrologie
Das Orakel der Sterne. (2211) Von
B. A. Mertz, 80 S., 42 Farb- und 15 s/w-
Fotos, Pappband. **DM 9,80**/S 85,–

Psycho-Tests
– Erkennen Sich sich selbst. (0710) Von
B. M. Nash, R. B. Monchick, 304 S.,
81 Zeichnungen, kart. **DM 16,80**/S 139,–

Falken-Handbuch **Astrologie**
Charakterkunde · Schicksal · Liebe und
Beruf · Berechnung und Deutung von
Horoskopen · Aszendenttabelle. (4068)
Von B. A. Mertz, 342 S., mit 60 erläuternden Grafiken, gebunden.
DM 29,80/S 239,–

Selbst Wahrsagen mit Karten
Die Zukunft in Liebe, Beruf und Finanzen.
(0404) Von R. Koch, 112 S., 252 Abb.,
Pappband. **DM 12,80**/S 99.–

Weissagen, Hellsehen, Kartenlegen...
Wie jeder die geheimen Kräfte ergründen
und für sich nutzen kann. (4153) Von
G. Haddenbach, 192 S., 40 Zeichnungen,
Pappband. **DM 19,80**/S 159.–

Frauenträume, Männerträume
und ihre Bedeutung. (4198) Von
G. Senger, 272 S., mit Traumlexikon,
Pappband. **DM 29,80**/S 239,–

Wahrsagen mit Tarot-Karten
(0482) Von E. J. Nigg, 112 S., 4 Farbtafeln, 52 s/w-Fotos, Abb., Pappband.
DM 14,80/S 119.–

Aztekenhoroskop
Deutung von Liebe und Schicksal nach
dem Aztekenkalender. (0543) Von
C.-M. und R. Kerler, 160 S., 20 Zeichnungen, Pappband. **DM 9,80**/S 79.–

Was sagt uns das Horoskop?
Praktische Einführung in die Astrologie.
(0655) Von B. A. Mertz, 176 S., 25 Zeichnungen, kart. **DM 9,80**/S 79.–

Das Super-Horoskop
Der neue Weg zur Deutung von Charakter,
Liebe und Schicksal nach chinesischer
und abendländischer Astrologie. (0465)
Von G. Haddenbach, 175 S., kart.
DM 9,80/S 79.–

**Liebeshoroskop für die
12 Sternzeichen**
Alles über Chancen, Beziehungen, Erotik,
Zärtlichkeit, Leidenschaft. (0587) Von
G. Haddenbach, 144 S., 11 Zeichnungen,
kart. **DM 7,80**/S 69.–

Die 12 Sternzeichen
Charakter, Liebe und Schicksal. (0385)
Von G. Haddenbach, 160 S., Pappband.
DM 12,80/S 99.–

**Die 12 Tierzeichen im chinesischen
Horoskop**
(0423) Von G. Haddenbach, 128 S.,
Pappband. **DM 9,80**/S 79.–

Sternstunden
für Liebe, Glück und Geld, Berufserfolg
und Gesundheit. Das ganz persönliche
Mitbringsel für Widder (0621), Stier
(0622), Zwillinge (0623), Krebs (0624),
Löwe (0625), Jungfrau (0626), Waage
(0627), Skorpion (0628), Schütze
(0629), Steinbock (0630), Wassermann
(0631), Fische (0632) Von L. Cancer,
62 S., durchgehend farbig, Zeichnungen,
Pappband. **DM 5,–**/S 39.–

So deutet man Träume
Die Bildersprache des Unbewußten.
(0444) Von G. Haddenbach, 160 S.,
Pappband. **DM 9,80**/S 79.–

Die Familie im Horoskop
Glück und Harmonie gemeinsam erleben
– Probleme und Gegensätze verstehen
und tolerieren. (4161) Von B. A. Mertz,
296 S., 40 Zeichnungen, kart.
DM 19,80/S 159.–

Erkennen Sie Psyche und Charakter
durch **Handdeutung**
(4176) Von B. A. Mertz, 252 S., 9 s/w-
Fotos, 160 Zeichnungen, Pappband.
DM 36,–/S 298,–

Falken-Handbuch
Kartenlegen
Wahrsagen mit Tarot-, Skat-, Lenormand-
und Zigeunerblättern. (4226) Von
B. A. Mertz, 288 S., 38 Farb- und
108 s/w-Abb. Pappband.
DM 39,–/S 319,–

I Ging der Liebe
Das altchinesische Orakel für Partnerschaft und Ehe. (4244) Von G. Damian-Knight, 320 S., 64 s/w-Zeichnungen,
Pappband. **DM 29,80**/S 239,–

Wenn die Schwalben niedrig fliegen
Bauernregeln
(2208) Von G. Haddenbach, 80 S.,
52 Farbfotos, Pappband.
DM 9,80/S 85,–

**Bauernregeln, Bauernweisheiten,
Bauernsprüche**
(4243) Von G. Haddenbach, 192 S.,
62 Farbabb. 9 s/w-Fotos, 144 s/w-Zeichnungen, Pappband. **DM 29,80**/S 239,–

Die Preise entsprechen dem Status beim Druck dieses

Computer

Computer Grundwissen
Eine Einführung in Funktion und Einsatzmöglichkeiten. (4302) Von W. Bauer, 176 Seiten, 193 Farb- und 12 s/w-Fotos, 37 Computergrafiken, kart.
DM 29,80/S 239.–
(4301) Pappband, **DM 39,–**/S 312.–

Einführung in die Programmiersprache BASIC. (4303) Von S. Curran und R. Curnow, 192 S., 92 Zeichnungen, Spiralbindung. **DM 19,80**/S 159.–

Lernen mit dem Computer. (4304) Von S. Curran und R. Curnow, 144 S., 34 Zeichnungen, Spiralbindung. **DM 19,80**/S 159.–

Computerspiele, Grafik und Musik (4305) Von S. Curran und R. Curnow, 147 S., 46 Zeichnungen, Spiralbindung. **DM 19,80**/S 159.–

dBase III
Einführung für Einsteiger und Nachschlagewerk für Profis. (4310) Von J. Brehm, G. A. Karl, 211 S., 23 Abb., kart. **DM 58,–**/S 460.–

Das Medienpaket
Buch und Programmdiskette „dBase III" zusammen (4312) **DM 98,–**/S 784.–

Grundwissen Informationsverarbeitung
(4314) Von H. Schiro, 312 S., 59 s/w-Fotos, 133 s/w-Zeichnungen, Pappband. **DM 58,–**/S 460.–

Heimcomputer-Bastelkiste
Messen, Steuern, Regeln mit C 64-, Apple II-, MSX-, TANDY-, MC-, Atari- und Sinclair-Computern. (4309) Von G. A. Karl, 256 S., 160 Zeichnungen, kart. **DM 39,–**/S 319.–

Drucker und Platter
Text und Grafik für Ihren Computer. (4315) Von K.-H. Koch, 192 S., 12 Farbtafeln, 5 s/w-Fotos, kart. **DM 39,–**/S 319.–

Textverarbeitung mit Home- und Personal-Computern
Systeme – Vergleiche – Anwendungen. (4316) Von A. Görgens, 128 S., 49 s/w-Fotos, kart. **DM 29,80**/S 239,–

Lernhilfen

Deutsch für Ausländer im Selbstunterricht
Ausgabe für Jugoslawen
(0261) Von I. Hladek und E. Richter, 132 S., 62 Zeichnungen, kart.
DM 9,80/S 79.–

Deutsch – Ihre neue Sprache.
Grundbuch (0327) Von H.-J. Demetz und J. M. Puente, 204 S., mit über 200 Abb., kart. **DM 14,80**/S 119.–

Glossar Italienisch
(0329) Von H.-J. Demetz und J. M. Puente, 74 S., kart.
DM 9,80/S 79.–

In gleicher Ausstattung:
Glossar Spanisch (0330)
DM 9,80/S 79.–

Glossar Serbokroatisch (0331)
DM 9,80/S 79.–

Glossar Türkisch (0332)
DM 9,80/S 79.–

Glossar Arabisch (0335)
DM 9,80/S 79.–

Glossar Französisch (0337)
DM 9,80/S 79.–

Das Deutschbuch
Ein Sprachprogramm für Ausländer, Erwachsene und Jugendliche.
Autorenteam: J. M. Puente, H.-J. Demetz, S. Sargut, M. Spohner.

Grundbuch Jugendliche
(4915) Von Puente, Demetz, Sargut, Spohner, Hirschberger, Kersten, von Stolzenwaldt, 256 S., durchgehend zweifarbig, kart. **DM 19,80**/S 159.–

Grundbuch Erwachsene
(4901) Von Puente, Demetz, Sargut, Spohner, 292 S., durchgehend zweifarbig, kart. **DM 24,80**/S 198.–

Arbeitsheft
zu Grundbuch Erwachsene und Jugendliche. (4903) Von Puente, Demetz, Sargut, Spohner, 160 S., durchgehend zweifarbig, kart. **DM 16,80**/S 139.–

Aufbaukurs
(4902) Von Puente, Sargut, Spohner, 232 S., durchgehend zweifarbig, kart.
DM 22,80/S 182.–

Lehrerhandbuch Grundbuch Erwachsene
(4904) 144 S., kart. **DM 14,80**/S 119.–

Lehrerhandbuch Grundbuch Jugendliche
(4929) 120 S., kart. **DM 14,80**/S 119.–

Lehrerhandbuch Aufbaukurs
(4930) 64 S., kart. **DM 9,80**/S 79.–

Glossare Erwachsene:
Türkisch
(4906) 100 S., kart. **DM 9,80**/S 79.–
Englisch
(4912) 100 S., kart. **DM 9,80**/S 79.–
Französisch
(4911) 104 S., kart. **DM 9,80**/S 79.–
Spanisch
(4909) 98 S., kart. **DM 9,80**/S 79.–
Italienisch
(4908) 100 S., kart. **DM 9,80**/S 79.–
Serbokroatisch
(4914) 100 S., kart. **DM 9,80**/S 79.–
Griechisch
(4907) 102 S., kart. **DM 9,80**/S 79.–
Portugiesisch
(4910) 100 S., kart. **DM 9,80**/S 79.–
Polnisch
(4913) 102 S., kart. **DM 9,80**/S 79.–
Arabisch
(4905) 100 S., kart. **DM 9,80**/S 79.–

Glossare Jugendliche:
Türkisch
(4927) 104 S., kart. **DM 9,80**/S 79.–
Italienisch
(4932) Von A. Baumgartner, 104 S., kart. **DM 9,80**/S 79.–
Spanisch
(4933) Von M. Weidemann, 104 S., kart. **DM 9,80**/S 79.–
Serbokroatisch
(4934) Von M. Vuckovic, 104 S., kart. **DM 9,80**/S 79.–
Griechisch
(4936) Von Dr. G. Tzounakis, 112 S., kart. **DM 9,80**/S 79.–

Tonband Grundbuch Erwachsene
(4916) Ø 18 cm. **DM 125,–**/S 1.000.–
Tonband Grundbuch Jugendliche
(4917) Ø 18 cm. **DM 125,–**/S 1.000.–
Tonband Aufbaukurs
(4918) Ø 18 cm. **DM 125,–**/S 1.000.–
Tonband Arbeitsheft
(4919) Ø 18 cm. **DM 89,–**/S 712.–

Kassetten Grundbuch Erwachsene
(4920) 2 Stück à 90 Min. Laufzeit.
DM 39,–/S 319.–
Kassetten Grundbuch Jugendliche
(4921) 2 Stück à 90 Min. Laufzeit.
DM 39,–/S 319.–
Kassetten Aufbaukurs
(4922) 2 Stück à 90 Min. Laufzeit.
DM 39,–/S 319.–
Kassette Arbeitsheft Grundbuch
(4923) 60 Min. Laufzeit.
DM 19,80/S 159.–

Overheadfolie Grundbuch Erwachsene
(4924) 60 Stück. **DM 159,–**/S 1.270.–
Overheadfolien Grundbuch Jugendliche
(4925) 59 Stück. **DM 159,–**/S 1.270.–
Overheadfolien Aufbaukurs
(4931) 54 Stück. **DM 159,–**/S 1.270.–
Diapositive Grundbuch Erwachsene
(4926) 300 Stück. **DM 398,–**/S 3.184.–
Bildkarten
zum Grundbuch Jugendliche und Erwachsene. (4928) 200 Stück.
DM 159,–/S 1.270.–

Arbeitshefte für ausländische Jugendliche in der Berufsvorbereitung
Fachsprache im projektorientierten/ fachübergreifenden Unterricht
Metall 1
(4937) Von S. Sargut, M. Spohner, 96 S., 30 Farbfotos, 30 Zeichnungen, kart.
DM 14,80/S 119.–

Maschinenschreiben für Kinder
(0274) Von H. Kaus, 48 S., farbige Abb.,
kart. **DM 5,80**/S 49,–

So lernt man leicht und schnell Maschinenschreiben
Lehrbuch für Selbstunterricht und Kurse.
(0568) Von J. W. Wagner, 112 S.,
31 s/w-Fotos, 36 Zeichnungen, kart.
DM 19,80/S 159,–

Maschinenschreiben durch Selbstunterricht
(0170) Von A. Fonfara, 84 S., kart.
DM 5,80/S 49,–

Stenografie leicht gelernt
im Kursus oder Selbstunterricht. (0266)
Von H. Kaus, 64 S., kart.
DM 6,80/S 59,–

Buchführung
leicht gefaßt. Ein Leitfaden für Handwerker und Gewerbetreibende. (0127)
Von R. Pohl. 104 S., kart.
DM 7,80/S 69,–

Buchführung leicht gemacht
Ein methodischer Grundkurs für den Selbstunterricht. (4238) Von D. Machenheimer, R. Kersten, 252 S., Pappband.
DM 26,80/S 218,–

Schülerlexikon der Mathematik
Formeln, Übungen und Begriffserklärungen für die Klassen 5–10. (0430) Von
R. Müller, 176 S., 96 Zeichnungen, kart.
DM 9,80/S 79,–

Mathematik verständlich
Zahlenbereiche Mengenlehre, Algebra, Geometrie, Wahrscheinlichkeitsrechnung, Kaufmännisches Rechnen. (4135)
Von R. Müller, 652 S., 10 s/w- und
109 Farbfotos, 802 farbige und 79 s/w-Zeichnungen, über 2500 Beispiele und Übungen mit Lösungen, Pappband.
DM 68,–/S 549,–

Mathematische Formeln für Schule und Beruf
Mit Beispielen und Erklärungen. (0499)
Von R. Müller, 156 S., 210 Zeichnungen, kart. **DM 9,80**/S 79,–

Rechnen aufgefrischt
für Schule und Beruf. (0100) Von
H. Rausch, 144 S., kart. **DM 6,80**/S 59,–

Mehr Erfolg in Schule und Beruf Besseres Deutsch
Mit Übungen und Beispielen für Rechtschreibung, Diktate, Zeichensetzung, Aufsätze, Grammatik, Literaturbetrachtung, Stil, Briefe, Fremdwörter, Reden.
(4115) Von K. Schreiner, 444 S.,
7 s/w-Fotos, 27 Zeichnungen, Pappband.
DM 29,80/S 239,–

Richtiges Deutsch
Rechtschreibung · Zeichensetzung · Grammatik · Stilkunde. (0551) Von
K. Schreiner, 128 S., 7 Zeichnungen, kart.
DM 9,80/S 79,–

Diktate besser schreiben
Übungen zur Rechtschreibung für die Klassen 4–8. (0469) Von K. Schreiner,
152 S., 31 Zeichnungen, kart.
DM 9,80/S 79,–

Aufsätze besser schreiben
Förderkurs für die Klassen 4–10. (0429)
Von K. Schreiner, 144 S., 4 s/w-Fotos,
27 Zeichnungen, kart. **DM 9,80**/S 79,–

Deutsche Grammatik
Ein Lern- und Übungsbuch. (0704) Von
K. Schreiner, 112 S., kart.
DM 9,80/S 79,–

Besseres Englisch
Grammatik und Übungen für die Klassen 5 bis 10. (0745) Von E. Henrichs, 144 S.,
DM 12,80/S 99,–

Richtige Zeichensetzung
durch neue, vereinfachte Regeln. Erläuterungen der Zweifelsfragen anhand vieler Beispiele. (0774) Von Prof. Dr. Ch. Stetter,
160 S., kart. **DM 9,80**/S 79,–

Bestellschein

Erfüllungsort und Gerichtsstand für Vollkaufleute ist der jeweilige Sitz der Lieferfirma. Für alle übrigen Kunden gilt dieser Gerichtsstand für das Mahnverfahren. Falls durch besondere Umstände Preisänderungen notwendig werden, erfolgt Auftragserledigung zu dem bei der Lieferung gültigen Preis.
Ich bestelle hiermit aus dem Falken-Verlag GmbH, Postfach 1120,
D-6272 Niedernhausen/Ts., durch die Buchhandlung:

Ex. _____
Ex. _____
Ex. _____
Ex. _____

Name:
Straße: Ort:
Datum: Unterschrift:

Für die Schweiz: sFr.-Preise gemäß Preisauszeichnung in der Buchhandlung